JN023754

DESIGN × MANAGEMENT

KOGA Chitoshi
古賀智敏 著

企業成長の
デザイン経営

知的資産の創造的利用、
イノベーションと事業性評価

同文舘出版

はじめに
―総括的展望―

　本書は，中小規模・ベンチャー企業の成長の評価ツールとして広く金融機関で用いられている事業性評価の仕組みを，「デザイン経営」の視点から企業の「競争力の源泉」（デザイン）としてポジテイブに活用し，企業の新たな価値創造プロセスの制度設計を目指そうとするものである。テーマの性格上，本書は中小規模・ベンチャー企業を主たる対象とするものであるが，企業競争力の向上を目指そうとするデザイン経営の理念は広く大企業を含む産業全般に適用しうるものである。

　今世紀初頭以降，日産自動車やサムソン電子など産業界では，無形価値としてのデザインの重要性が注目され始めた。しかし，デザイン経営なる用語がわが国で広く認識されるようになったのは，ごく近年，とくに経済産業省・特許庁「産業競争力とデザインを考える研究会」による「デザイン経営」宣言（2018年5月23日）以降であろう。ここで，「デザイン経営」とは，「ブランドとイノベーションを通じて，企業の産業競争力の向上に寄与する」経営のあり方として，デザインを通じてブランド構築とイノベーションの促進を図るデザイン経営の効果を謳い上げている（同報告書「1 デザイン経営の役割」）。そこでは，デザインとは，製品やパッケージの装飾としての意匠といった狭義のデザインではなく，広く製品やサービス，ユーザーをも含めた価値創造プロセス全体の制度設計を含む概念であり，新たな価値創造をするために必要となるビジネスモデルやマネジメントなどのあり方がデザイン経営である（経済産業省「第4次産業革命クリエイティブ研究会」調査報告，平成29年3月）。

〈デザイン経営としての事業性評価〉

　ブランド力とイノベーション力との結合による企業競争力の向上こそ，現下の事業性評価の目指す世界であり，知的資産の創造的活用と無形資源の評価に

よる企業成長力評価の根幹的課題をなすものである。この企業成長力の隠れた源泉を新たな価値創造のためのデザイン（商品・サービス差別化のツール）とみて，専門家の「目利き力」でもってそれを浮き彫りにし（デザイン開発を行い），企業の新たな価値創造プロセスの中でブランド力とイノベーション力とを結合することによって更なる競争力の向上を図ろうとするのが，デザイン経営である。

このようにみれば，企業の「競争力＝成長力」の源泉を評価・活用するための事業性評価の理念・制度・実践は，デザイン力による経営のあり方とも符合するものであり，次世代の企業の新たな競争力の向上に向けて大きな発展可能性を示唆するものである。本書では，このようなデザイン経営の見方を意識しつつ，企業の成長力評価のための事業性評価のあり方を模索してみたい。

先に述べたように，デザイン経営における「デザインの意味は物理的な造型行為だけではなく，組織や制度，戦略，様々な要素の関係性といった対象を設計することまでをも含んでいる。すなわち，デザインは製品の色や形を決定するだけではなく，統合的な商品企画やブランドの確立，コーポレート・アイデンティフィケーション（CI）確立において重要な役割を担っている」（フリー百科事典「ウィキペディア」）。

企業成長力の事業性評価の仕組みは，単なる造型的なデザインの問題としてではなく，企業の競争力向上という経営の戦略や組織のあり方を目指している，事業性評価もまた同様である。事業性評価を企業の単なる健康体力測定といった仕組みとしてではなく，企業の見えざる競争力を顕在化し，それを戦略的に活用するという，より前向きの「攻めの経営」課題として位置づけ，取り組むべき問題との認識が重要である。このような視点から，本書を「企業成長のデザイン経営」として特徴づけ，事業性評価の根源的意義と役割を考えてみたい。

〈ナレッジ，イノベーションと事業性評価の相互作用〉

本書は，事業性評価を通じて企業成長を促進するための価値創造プロセスないしビジネスモデルを描くための方向性を提示しようとするものである。企業

をいかにして成長させるかは，経営学者や企業経営者にとって最も難解な課題である。もとよりそのような課題に対して深遠な理論と実証を援用して何らかの答を提供することは本書の目的とするところではない。本書では，21世紀のナレッジ，イノベーション，経営者・ステークホルダーとの対話の時代を振り返りつつ，これらの相互関連性に注目する中で，企業の成長戦略を実現するシナリオを描くことにしたい。そのための第1ステップを提示しようとするものである。

　本書の議論は，規模が比較的小規模の企業やベンチャー組織により適合するものであるが，その考え方や実践事例は広く大規模経営にも適用され得るものである。言うまでもなく，企業の成長力を高め，促進するのは「**イノベーション**」である。企業では，イノベーション，つまり何らかの技術的・組織的変革を通じて，新製品・サービスの開発や品質向上，コスト削減がもたらされる。そのアウトプットが「キャッシュ・フロー（企業価値）＝企業（経済）成長」である。

　このようなイノベーションをもたらすのが，ナレッジ，インタンジブルズないし「**知的資産**」という無形価値である。人的，構造的および関係的な種々の無形の価値創造ファクターが相互に関連し合い，全一体として価値創出のドライバーとなって企業価値を創出する。これらの諸要素はあたかもオーケストラの楽器のように経営者という指揮者のもとで一体となってシンフォニーを醸し出す。21世紀における最も有用な価値創出ドライバーは，経営者，従業員，特許，技術力，営業力，ブランド等のナレッジ資産である。

　このように，ナレッジ資産やテクノロジーの有効利用は経営能力に依存する。経営者はナレッジ資産の相互活用の状況を理解し，コントロールし，かつ内部的，外部的に伝達することが必要であり，自社の企業実態とその運用状況を的確に測定し，評価・伝達しなければならない。そこで広く事業実態を分析・評価し伝達するための「**事業性評価**」が必要になる。

　以上，企業の価値創出源泉（インプット）としての知的資産，価値創出プロセスとしてのイノベーション（プロセス）およびその結果としての事業実態を測定・評価するための事業性評価（アウトプット）の三位一体のもとで，企業

(4)
の成長力を促進しようとするものである（下記の図1参照）。

図1　企業の成長力促進の全体的構図

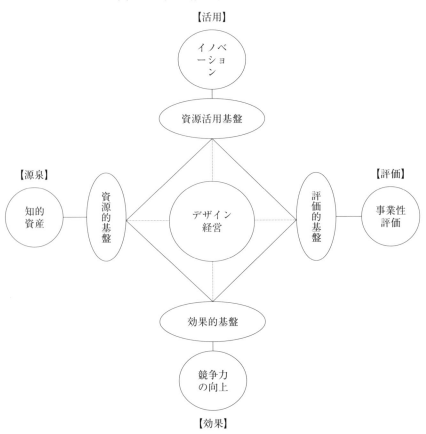

〈知的資産とイノベーション〉

　知的資産とイノベーションとの関係については，イノベーションの形態によって大きく異なる。全く新しいアイデアやテクノロジーに基づく新規ビジネスやプロダクト・ラインの開拓など「急進的イノベーション」では，一般に最適なパートナーとの提携など関係資産が最も顕著な役割をもつのに対して，現

行の製品やサービスの拡大や著しい変更を内容とする「進化的イノベーション」を行うためには，組織内部での力関係，各階層での相互関係が決定的に重要になり，テクノロジーのような**構造資産**が最も重要な役割をもつ。また，製品・商品やプロセスの改善を主たる対象とする「持続的イノベーション」では，既存の製品やプロセス等の問題点を把握し，改善することができる**人的資産**が決定的な役割をもつ（詳細は，第2章第2節参照）。このように，企業価値を高めるイノベーションにおいては，何らかの無形価値ないし知的資産と密接に関連付けられる。

〈知的資産，企業成長力と事業性評価〉

　事業性評価とは，企業の過去的・短期的財務情報に過度に依存せずに，相手先企業の優れた事業実態や将来的成長力に注目する企業の評価・測定・伝達の体系である。近年とくに金融機関の融資方法について，伝統的な財務データや物的担保に過大に依存した過去的・短期的融資形態に対して，融資先企業の中長期の成長力に焦点を置く新たな融資形態として事業性評価が大きく注目されることになった（詳細は，第1章を参照されたい。）

　この場合，企業の成長力ないし将来的価値創出の源泉をなすのが，経営者の戦略なり，それを実現するためのリーダーシップであり，それを支える人材や組織・知識・システム，さらには企業の顧客，協力提携者，供給業者といった知的資産である。それらが相互に作用して，イノベーションをもたらす。このように，「知的資産―イノベーション―企業価値創出―事業性評価」が相互にリンクし合い影響し合いながら，企業の拡充・発展をもたらす。

　以上の議論を要約し，企業の成長力を促進・進化する仕組みをデザインしたのが，**図2**である。

　以下，**第1章**では企業の成長力を評価するための事業性評価が登場するようになった意義と背景について金融庁を中心とした制度的背景を確認する。次に，**第2章**では，事業性評価のコアをなす知的資産の創造的活用とイノベーションについて内外の研究知見を提示したい。**第3章**では，ビジネス価値評価

図2 企業の成長力と事業性評価の創造的利用, イノベーションと事業性評価の相互作用

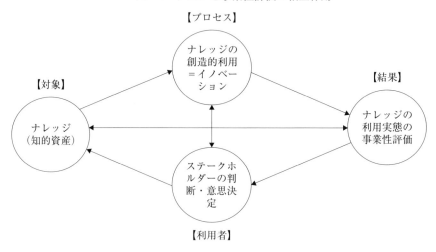

のための知的資産の代表例を例示し，その現行の評価の方法論と実践例を示す。最後に，**第4章**では，事業性評価のための内外の方法論をレビューし，定量的評価モデルを提示することにしたい。

　本書から1つでも多くのビジネス上のヒントを得ていただければ，筆者としてこれに過ぎる喜びはない。

　令和2年（2020年）新春を祝って

東海学園大学教授・副学長／神戸大学名誉教授

古賀　智敏

目　次

はじめに：総括的展望　　（1）

第1章　企業成長のための事業性評価の意義と背景 —— 1

第1節　事業性評価とは何か ·································· 2

第2節　金融機関を取り巻く環境変化と事業性評価の必要性 ····· 5

⑴　金融危機と金融行政の対応　　5

⑵　これまでの金融手法の限界　　9

⑶　金融環境の変化と事業性評価の必要性　　10

第3節　事業性評価と知的資産ファイナンス ················ 14

⑴　事業性評価のコアとしての知的資産　　14

⑵　インタンジブルズ・エコノミーと知財ファイナンス　　14

⑶　中小企業と知的資産ファイナンス　　17

第4節　リレーションシップバンキング,地域密着型金融と事業性評価 ···· 19
　　　　　—金融庁事業性評価制度への歩み—

⑴　歴史的推移　　19

⑵　リレーションシップバンキングと事業性評価融資　　19

⑶　地域密着型金融と事業性評価融資　　21

第2章　知的資産の創造的利用とイノベーション —— 25

第1節　知的資産とは何か：定義・分類・特徴 ·············· 26

⑴　知的資産とは　　26

⑵　知的資産の類似概念　　27

⑶　知的資産の分類　　28

⑷　知的資産の特性と競争優位性　　30

第2節　知的資産経営と中小企業の競争優位性 ‥‥‥‥‥‥‥ 34
　　　　　―OECD プロジェクトの求めるもの―

⑴　イノベーション，知的資産と企業成長　　34

⑵　OECD プロジェクトが求めるもの　　35

⑶　イノベーションの類型化と知的資産　　36

⑷　イノベーション，知的資産と高成長中小企業：スイス高成長 SME の
事例　　40

第3節　知的資産経営と中小企業の競争優位性 ‥‥‥‥‥‥‥ 46
　　　　　―日本企業の事例―

⑴　企業の競争優位性とは何か　　46

⑵　中小企業の競争優位性と知的資産：わが国高成長企業の事例　　48

第4節　知的資産の戦略的利用と金融機関の融資決定 ‥‥‥‥ 59

⑴　金融機関の融資決定の仕組みと構成要素　　59

⑵　信用リスク分析の2側面：「デフォルト確率」と「デフォルト損失」　　60

⑶　資産の認識可能性の連続体モデル　　61

⑷　金融機関の融資決定と非財務項目　　64

⑸　融資決定における非財務項目の活用実態　　66

⑹　融資決定に有用な非財務情報の内容と特徴　　68

⑺　非財務情報の活用に対する社内教育の現状と課題　　72

第5節　知的資産経営と知的資産経営報告書 ‥‥‥‥‥‥‥‥ 74
　　　　　―ドイツ知的資産報告書に学ぶ―

⑴　ドイツ型モデル生成の背景　　74

⑵　ドイツ知的資産報告書モデルのアプローチとフレームワーク　　75

⑶　ドイツ知的資産報告書の作成ステップ　　76

(4)　わが国知的資産報告書モデルとドイツ・モデルとの比較　　81

第**3**章　ビジネス価値創造のための知的資産の評価 ── 85
─方法論と実践─

第1節　知的資産の評価方法 ······································ 86
(1)　3つの評価アプローチの特徴　　86

(2)　インカム・アプローチの2つの分析方法　　90

(3)　収益還元法の適用事例　　91

(4)　コスト・アプローチ　　94

(5)　マーケット・アプローチ　　98

第2節　技術関連の知的資産の評価 ······················ 102
─特許権など─
(1)　技術関連の知的資産とは　　102

(2)　技術関連知的資産の評価　　104

(3)　マーケット・アプローチ：類似取引比較法　　104

(4)　コスト・アプローチ：研究開発費節約法　　107

(5)　インカム・アプローチ：利益分割法　　108

第3節　データ処理・コンピュータ関連知的資産の評価 ····· 110
(1)　データ処理・コンピュータ関連知的資産とは何か　　110

(2)　評価方法　　114

(3)　評価実践：ロイヤリティ免除法の適用例　　117

第4節　マーケティング関連知的資産の評価 ················ 119
─商標権─
(1)　マーケティング関連知的資産としての商標権　　119

(2)　3つの評価アプローチ　　121

第5節　知的資産としての人的資本の評価 ･･･････････････････ 125

(1) 人的資本の意味するもの　125

(2) 人的資本の２つの評価アプローチ　127

(3) 人的資本の評価の計算例：コストアプローチの適用　130

第4章　事業性評価の実践モデル ───── 133

第１節　ドイツの利益獲得能力指数（ECI）™モデルの適用可能性 ････ 134

(1) 伝統的業績測定アプローチの問題性　134

(2) 新業績測定システムの特徴　135

(3) （ECI）™モデルの論理構造　136

(4) 財務・非財務の統合化と（ECI）™モデルの適用可能性　139

第２節　金融庁のローカルベンチマーク ･･････････････････････ 143

(1) なぜ，ローカルベンチマークか：意義と背景　143

(2) ローカルベンチマークの仕組みと概要　145

(3) ローカルベンチマークの活用実態　149

(4) ローカルベンチマークと事業性評価　152

第３節　事業性評価の定量的モデル ･･･････････････････････････ 154

(1) 主観的評価と客観的評価　154

(2) 非財務評価項目の区分と体系　155

(3) IC評価の３つの基準　158

(4) 実施方法　159

(5) 事業性評価の計量的実践モデル：事業性評価教育振興会モデル　160

む　す　び　171

索　　引　173

Chapter1

第1章

企業成長のための
事業性評価の意義と背景

　第1章では，本書のコアの研究課題としての事業性評価について，事業性評価とは何か，その意味するものと，それが生成されてきた背景および経緯をまず明らかにすることから始めたい。ここでは，2000年以降の金融環境の変化と競争激化の中，金融行政がいかに対応してきたか，事業性評価の政策策定までの金融庁の展開について各種報告書など資料を辿りつつ，探ることにしよう。

第1節

事業性評価とは何か

中小企業金融において，事業性評価による融資が頻繁に登場するようになったのは，平成26（2014）年以降であった。具体的には，次の3つの報告書があげられる。

① 日本経済再生本部「日本再興戦略　改訂2014」（平成26年6月）

② 金融庁「平成26年事務年度　金融モニタリング基本方針」（平成26年9月）

③ 金融庁「平成27年事務年度金融行政方針」（平成27年9月）

まず，最初に地域金融機関等による融資のあり方として事業性評価融資が明示的に示されたのは，政府の「日本再興戦略」（改訂2014）であった。これは企業の国際競争力強化や産業基盤の強化，海外市場の獲得など国の経済・産業政策の根幹をなすものとして，平成25（2013）年6月閣議決定されたものであり，国家ワイドでの成長戦略であった。これを受けて，日本再興戦略プランを掲げ，具体的課題の1つとして中堅／中小企業・小規模事業者の革新を提示している。その実践的方策として提唱されたのが，地域金融機関等による事業性評価の融資であった。

　「企業の経営改善や事業再生を促進する観点から，金融機関が保証や担保等に必要以上に依存することなく，企業の財務面だけでなく，企業の持続可能性を含む事業性を重視した融資や，関係者の連携による融資先の経営改善・生産性向上・体質強化支援等に努めるよう，監督方針や金融モニタリング基本方針等の適切な運用を図る」（「日本再興戦略」改定2014，第二・6・(3)・④）。

ここでは，事業性評価融資とは，金融機関が保証や担保等に過度に依存しないこと，財務的定量的側面のみならず，企業の持続可能性など非財務的・実態

的・定性的側面を重視する点が重要である。

　それを実効性あるものとするために公表されたのが，金融庁の「平成26年金融モニタリング基本方針」である。そこでは，金融取引・企業活動の国際化，国内的には高齢化・人口減少や地域経済における人手不足が拡大する中で，企業や産業が活力を維持し続けるためには，企業・産業の生産性・効率性を向上させることが期待され，それに応えるためには，金融機関の側面から事業性評価に基づく融資等が求められる。そこで，事業性評価とは，「財務データや担保に必要以上に依存することなく，借り手企業の事業の内容や成長可能性などを適切に評価し（「事業性評価」），融資や助言を行い，企業や産業の成長を支援していくことが求められる。」（平成26年度金融モニタリング基本方針，平成26年，Ⅱ・2）として，担保・保証への過大依存からの脱却，企業の実態・成長力の評価が強調されている。しかも，こうした事業実態・内容は，「さまざまなライフステージ」に即して適切に評価し，「特に，目利き能力の発揮による企業の事業性評価を重視した融資や，コンサルティング機能の発揮による持続可能な企業（特に地域の経済・産業を牽引する企業）の経営改善の生産性向上の体質強化の支援等の取り組みを一層強化していく」（同18頁）ことが重要になる。

　以上の議論を受けて，今一度，事業性評価を要約すると，次の図表1—1のようになる。

　ここでは，事業性評価を次のように特徴づけておきたい。事業性評価とは，

図表1—1　事業性評価の要因・課題・方針

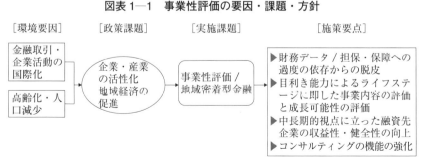

［環境要因］　　　［政策課題］　　　　［実施課題］　　　　　　［施策要点］

金融取引・企業活動の国際化

高齢化・人口減少

企業・産業の活性化地域経済の促進

事業性評価／地域密着型金融

▶財務データ／担保・保障への過度の依存からの脱皮
▶目利き能力によるライフステージに即した事業内容の評価と成長可能性の評価
▶中長期的視点に立った融資先企業の収益性・健全性の向上
▶コンサルティングの機能の強化

　出典：筆者作成。

伝統的な財務データ・担保保証の過人依存のビジネスモデルから脱皮し，融資
担当者の目利き力によって融資先企業のライフステージに即した事業内容の評
価と成長可能性を見定め，中長期視点に立った新たな金融機関のビジネスモデ
ルをいう。

第2節
金融機関を取り巻く環境変化と事業性評価の必要性

(1)　金融危機と金融行政の対応

　担保・保証やバランスシートへの過度の依存を行う伝統的融資形態が一層強化されたのは，1990年代後半の金融危機と不良債権問題の拡大を背景とする。バブル崩壊後の1990年代の日本経済は，資産価格の大幅な下落や株価の暴落，経済成長の停滞を背景として，大手金融機関（北海道拓殖銀行，山一證券，日本長期信用銀行，日本債券信用銀行等）の破綻と，バブル期に行った不動産関連収支の不良債権化によって，金融システムの安定化と健全化が求められる時代であった（図表1—2参照）。

　図表1—2から，金融危機に際しての必要な金融行政の取組み課題と検査・監督の基本方針として提示されたのは，大きく次の3点であった（金融庁平成28年8月24日，第1回金融モニタリング有識者会議資料,1頁）。

①　「金融行政への信頼の回復」に向けての「ルール重視の事後チェック行政」（管理・監督的側面）

②　「不良債権問題の解決」に向けての「厳格な個別資産査定中心の検査」（評価的側面）

③　「利用者保護のためのミニマム・スタンダードの徹底」に向けての「法令順守の確認の徹底」（法規範的側面）

　図表1—3は，上記の議論を要約的に示したものである。

　以下，当時公表された金融庁の最初の金融検査マニュアル（1999年7月）を参考に少し説明しておこう。

6

図表1—2　破綻した大手金融機関の事例と要因

金融機関名	時期	破たん要因
▶三洋証券	▶1997 年 11 月 3 日 会社更生法の適用申請	▶積極経営による過剰な設備投資；ノンバンク子会社（三洋ファイナンス）による不動産関連融資の不良債権化
▶北海道拓殖銀行	▶1997 年 11 月 17 日 資産の一部譲渡・1 年以内に生産	▶不動産の過大評価による融資の不良債権化／乱脈融資-カブトデエム 1,000 億円のリゾートホテル融資・会員権の販売保証（最終融資 2,803 億円，債務保証 1,000 億円超 - ソフィア（理容店チェーン）1,000 億融資 - ダミー会社による融資，不良債権の"飛ばし"
▶山一證券	▶1997 年 11 月 24 日 自主廃業	▶法人営業による運用利回り保証・損失補てん；損失の簿外債務処理；株式の買戻し保証付き販売；不正な利益供与・粉飾決算
▶日本長期信用銀行／日本債券信用銀行	▶（朝銀）2000 年 3 月 米企業ファンド（リップルウッド他）に売却；2000 年 6 月 新生銀行（改称）	▶（朝銀）金融業・保険業向け融資の不良債権化（アイ・インターナショナル融資 3,800 億円不良債権化等）；東京協和信用組合等への不良債権化 2 兆 4,000 億円に対する公的資金の注入と粉飾決算（1998 年 3 月期）
	▶（日債銀）2000 年投資グループに売却；2001 年あおぞら銀行と改名	▶（日債銀）ノンバンク・不動産向け融資の不良債権化；損失の飛ばし・債務超過

出典：内閣府経済社会総合研究所［2011］，「日本の金融危機と金融行政」pdf 参照の上，筆者が一覧表示して作成。

【ルール重視の事後チェック行政】

　破綻した金融機関の主な原因として，乱脈融資と乱脈経理（損失の飛ばし，粉飾決算）がある。北海道拓殖銀行は，カブトデエム社に 1,000 億円規模のリゾートホテル建設に融資を行い，会員権の財産保証を行い，また，理容店チェーンのソフィアにも同様に巨額の融資を行った。これらはいずれも採算性を無視した乱脈融資であり，それが巨額の不良債権をもたらし，ひいては損失をグループ会社へ付け替え（いわゆる飛ばし）など乱脈経理をもたらした。山

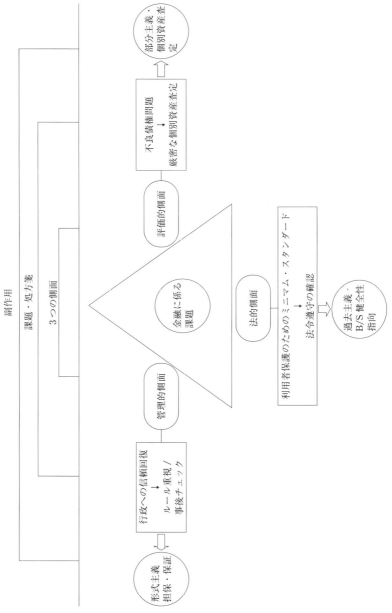

図表 1–3　金融危機と金融行政の対応

出典：金融庁、第 1 回金融モニタリング有識者会議資料、平成 28 年 8 月 24 日、12 頁を参考に筆者が作成。

一證券では，法人営業において運用利回り保証や損失補てん，損失の簿外処理や株式の買戻し保証付き販売，利益供与や粉飾決算などその乱脈経営の実態が明らかになり，証券・金融システムの信頼性を著しく損なうことになった。

　これを受けて，1999年7月に金融庁から公表された「金融検査マニュアル」では，銀行の自己責任を強調し，経営陣自らがリスク認識と説明責任を負うとともに，制度的にも銀行が確固たる内部管理体制・外部監査体制を整備・運用することを確保するプロセス・チェックに重点が置かれた（内閣府経済社会総合研究所：野村資本市場研究所,資本市場クォータリー春季号）。

【厳格な個別資産査定中心の検査】

　経営破綻のもととなった不良債権問題をもたらした要因の1つは，ノンバンク・不動産向けの過剰融資と不動産の楽観的な過大評価にあった。北海道拓殖銀行では，通常，不動産を担保とした融資では不動産評価額の70％程度の融資を行うが，当時，不動産の値上がりを見込んで評価額の120～130％もの融資が行われたという（内閣府経済社会総合研究所，9頁）。

　それに対して，1999年の金融検査マニュアルでは，不良債権の削減と早期処理が銀行に強く求められ，リスク回避と資産査定が厳格化された。具体的には，銀行融資の不良債権化を防ぐため，信用リスクに関して信用リスク管理体制を確認・検査するためのチェックリストと併せて，信用リスク検査用のマニュアルが設けられ，不良債権の処理とともに新たな不良債権を発生させない仕組み作りが行われた（内閣府経済社会総合研究所）。それがその後，貸し渋りや貸し剥がしといった副作用をもたらすことになった。

【法令順守確認の徹底】

　前述の破綻金融機関の事例には，利用者（預金者）保護のためのミニマム・スタンダードとしての法令違反が少なくない。損失の簿外債務処理や飛ばし（北海道拓殖銀行・山一證券・日債銀等），粉飾決算（山一證券・日本長銀等）は，会計ルール違反であり，関連諸法令にも抵触する。また，法人営業による運用利回り保証や損失補てん，利益供与も法令違反であり，金融機関の健全性・信

頼性を損なうことになる。

　1997年金融マニュアルにおいても，法令等遵守体制のあり方について，内部統制やコンプライアンス（法令等遵守）の機能やコンプライアンス・マニュアルの作成が強調され，そのための報告・点検・記録等の重視と，その前提としての取締役会の機能整備，監査役会等の機能の重視が提唱されている（野村資本市場研究所）。

　以上，金融危機を契機とした新たな金融行政の転換は，その後の金融行政と金融システムの大きな副作用をもたらすことになる。

(2)　これまでの金融手法の限界

　金融危機に対応して整備された金融庁の検査・監督の手法には，次のような3つの副作用が生じた（金融庁，平成28年8月24日付資料，2頁）。

①　形式主義／担保・保証への過度の依存：金融システムの安定化と金融行政の信頼回復を図るためには，銀行融資において，担保・保証があるかどうかといった形式が必要以上に重視されるとともに，顧客ニーズに即したサービス提供という実質よりも，ルール遵守や事後チェックという形式的証拠作りが重視される。

②　部分主義／個別資産査定：乱脈経営・乱脈融資に対して個別の法令違反行為のみ見て処罰するが，問題発生の根本原因の究明を軽視する。また，リスク評価において，専ら個別の資産査定に集中し，金融機関の経営全体としての重要なリスクの議論は行われない。

③　過去主義・バランスシート健全性指向：融資にあたって，融資の経営の成長可能性や持続可能性よりも，過去の経営の結果としてのバランスシートの健全性や過去のコンプライアンスの準拠性の有無に集中する。

　以上，金融危機の経験を経て，管理的側面からは担保・融資という形態面での過度の依存，評価的側面からは個別資産査定という部分主義，また，法的側面からは顧客ニーズ・経営の将来的持続可能性よりも過去的バランスシートの健全性が重視されることになり，これが金融行政の副作用をもたらすことに

なった（図表1―3参照）。

(3)　金融環境の変化と事業性評価の必要性

　金融機関を取り巻く近年の環境変化に伴い，金融機関の経営は大きな変革を
迫られることになった。それは，具体的には，次の3つである（例えば，金融
庁有識者会議資料，平成28年8月24日，3頁を参照されたい）。

①　人口減少・高齢化社会の拡大に対して，顧客ニーズを捉えた特徴のある
　　ビジネスモデルの構築が望まれる。

②　金融市場の低金利化状況に対して，金融機関も貸出利鞘の縮小に対処し
　　て，資金利益を確保・増大しなければならない。

③　リスク環境の拡大・多様化に対応して，形式主義・部分主義指向から実
　　質主義・全体主義指向への転換が必要になる。

以上の環境変化への対応の要点を示したのが，図表1―4である。

これらの環境対応について，いま少し説明を加えておきたい。

【人口減少・高齢化社会と金融機関への影響】

　金融機関への影響をもたらす第1の要因は，わが国人口の減少傾向と高齢化
の加速化である。国立社会保障・人口問題研究所による市町村別の将来人口推
計（2013年3月時点）によれば，2010年を基準値として，その後30年後の
2040年の人口変化を推定している（堀江［2015］93-94頁）。それによれば，全
体として2040年の人口は16.2%減少する。その内訳は，政令指定都市で1割
弱（9.0%）の減少であるのに対して，県庁所在都市では2割弱（17.3%）。その
他都市で約四分の一（23.7%）の減少率が予想されるなど，地域間格差がみら
れる（図表1―5参照）。

　これらの人口減少等によって，金融機関からの借入需要も減少することが予
想され，従来のように単純に貸出残高を積み上げ，そのための預金獲得を図っ
て収益を拡大するビジネスモデルが困難になる。現在の年齢階層別の一人当た
り預金残高が将来にわたって一定とし，地域の年齢階層別人口の予測に基づい

図表 1―4　事業性評価の背景をなす環境変化

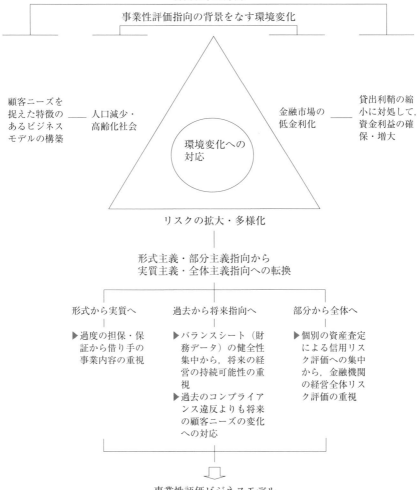

出典：金融庁, 同上資料, 2-3 頁；同「平成 27 年事務年度金融レポート」平成 28 年 9 月を参考に, 筆者が作成。

12

図表1―5　市区町村別にみた人口変化予想

	市区町村 （計 1,858）	政令指定都市 都市（185）	県庁所在都市 都市（31）	そ　の　他 都市（711）	町 （753）	村 （178）
（2010年，万人） 人口総数	12,805.7	4,022.5	1,071.2	6,542.8	1,081.4	82.5
（2010 → 2040年，%） 人口の変化	− 16.2	− 9.0	− 17.3	− 23.7	− 32.6	− 32.5
（2006 → 2011年，%） 近年の地価変動	− 5.3	1.1	− 13.1	− 9.5	− 14.2	− 12.7

（注）1. 人口は，社人研「日本の地域別将来推計人口（平成25(2013)年3月推計）」（2013年3月），地価は国土交通省「都道府県別地価調査」（2006年，2011年）を使用した。
　　　2. 政令指定都市には東京都区部のほかの都下の市を含む。県庁所在都市は政令指定都市を除いている。
　出典：堀江［2015］94頁より引用。

て将来の預金残高を推定し，また，地域の生産年齢人口世帯に基づいて将来の貸出残高を推定する。これらの預貸ギャップから預貸金利鞘を算定する。その結果，多くの地域銀行で，次のような現象が起きている。

① 預金残高，貸出残高は，将来，ともに減少する。ただし，預金保有残高の多い高齢者層の割合は増加するので，預金残高の減少速度は貸出残高に比べて遅くなる。

② その結果，預貸ギャップは拡大し，預貸金利鞘は若干減少する。（金融庁「金融レポート」平成28年9月,22頁）

ここで，預貸金利鞘が銀行の資金利益（＝資金運用収益―資金調達費用）をなすので，今後，ますます人口減少・高齢化が進む中で，新たな顧客ニーズを捉えた特徴あるビジネスモデルの構築が必要とされるであろう。

【金融市場の低金利化による影響】

地方銀行の収益性を悪化させている，もう1つの要因として，低金利による貸出金利鞘が縮小化していることによる。アベノミクスの経済成長戦略のもとで，2013年4月以降，日本銀行はデフレ脱却を目指して消費者物価の前年比上昇率2％を目標として，量的・質的金融緩和政策を実施し，金融機関は低金利時代に入っていった（小立［2014］52頁）。

このような低金利環境では，過去に貸出された相対的に高い金利の貸出金が

返済され，新規に相対的に金利の低い貸出金に切り替えられるため，貸出金利回りは必然的に低下することになる（同上論文）。当面，低金利環境が続くことが予想される中，地域銀行は，主たる収益源泉としての資金運用収益の増加が見込めず，新たな収益源を確保することが求められる。

【リスクの拡大・多様化への対応】

金融機関をめぐる環境要因として，デフレ経済，金融市場の変化や金利変動リスク・市場のボラティリティ上昇への対応は，グローバル取引や有価証券投資が活発な大手金融機関にとって重要なリスク要因をもたらす。しかし，これらの動向は，地域金融機関にとってもアジア等の新興国の業務拡大を進める上で，グローバルなマクロ経済や金融・証券市場の変化が信用コストに与える影響に無関係ではない（金融庁「金融レポート」平成 28 年 9 月）。

地域金融機関にとって，とくに重要なリスク課題として次の 3 つがある。

① 　事業リスク：従来の融資形態としての過度の担保・保証依存の融資から，事業内容・実態の特徴・リスクの評価を重視する融資への転換を図るものであり，形式から実質への転換を示す。

② 　将来的見積りリスク：従来のバランスシート（財務データ）の健全性に集中する評価形態から，将来の経営の持続性を重視し，また，過去のコンプライアンス違反の有無に焦点を置くアプローチよりも将来の顧客ニーズの変化への対応を重視したアプローチへの過去から将来指向への転換をなす。

③ 　全体リスク：従来の個別資産の査定による信用リスクの評価から，金融機関を取り巻く経営全体のリスク評価へと部分から全体への評価視点の転換が必要となる。

これらは，端的に言えば，リスク環境変化に対して，「形式主義・部分主義」指向から，「実質主義・全体主義」指向への転換が求められるものと言える。

このような近年の環境変化に応えようとするのが，金融機関の事業性評価ビジネスモデルである。

第**3**節

事業性評価と知的資産ファイナンス

(1) 事業性評価のコアとしての知的資産

事業性評価融資の特徴は，伝統的な財務データ・物的担保保証に過大に依存した過去的・短期的融資に対して，融資先企業の事業実態・成長可能性に注目する将来指向的・中長期的融資をなす点にある。財務データや決算書類が企業活動の成果であり，アウトプットをなすのに対して，そのプロセスないし基礎をなす事業活動そのものを注視しようとするのが，事業性評価ファイナンスである。

(2) インタンジブルズ・エコノミーと知財ファイナンス

このような知的資産ないし知的資産が拡充する背景となったのは，次のようなモノ作りに焦点を置く 20 世紀型モノ作り・プロダクト指向型経済から，知識創造・イノベーションを目指すナレッジ指向型インタンジブルズ・エコノミーへの経済基盤の重点移行である（図表1—6参照）。前者は，「製造業＝生産財」重視の産業経済を背景に物的生産財（機械・設備等）を主たる価値創出源泉とするのに対して，後者は，イノベーションと知識創造経済を背景として，無形財ないし知的資産を主たる価値創出源泉とする。前者では，物的効率性の追求を経営の主たる課題とし，算出される財貨は貨幣的測定が可能でなければならない。それに対して，後者のインタンジブルズ・エコノミーのもとでは知的創造性の追及を経営の主たる課題とし，算出される財貨は一般に貨幣的測定は困難である（例えば，特許・ブランド・マニュアル・経営力等）。

金融機関の融資モデルについて，財務・物的資産担保に依存する伝統的融資

形態は，「プロダクト型経済―プロダクト型（製造業中心）企業モデル―価値
創出源泉（ドライバー）」としての有形財投資を背景として成立する。そこで
は，金融機関の貸出金のデフォルトを事業性資産担保によってできるだけ補填
しようとする過去的視点に立つ。それに対して，事業性評価融資は，「ナレッ
ジ型経済―ナレッジ型（情報・サービス業中心）企業モデル―価値創出源泉と
しての無形財（知的資産）投資」を背景とする。この場合，デフォルト損失補
填を物的資産ではなく，特許権・著作権等の無形財を活用する点でナレッジ型
ファイナンス・モデルはプロダクト型モデルとは異なる。また，ナレッジ型モ
デルは，究極的には企業の持続的成長力といった将来性に基づくデフォルト確
率評価によって評価しようとする点で伝統的モデルには見られない大きな特徴
がある。図表1―6は，以上の説明を要約的に示している。

　ここで，ナレッジ型ファイナンスとしての知的財産権を担保とするデフォル
ト損失と，企業の将来的成長力を評価するデフォルト確率について，いま少し

図表 1―6　経済基盤の変化とビジネスモデルの変容

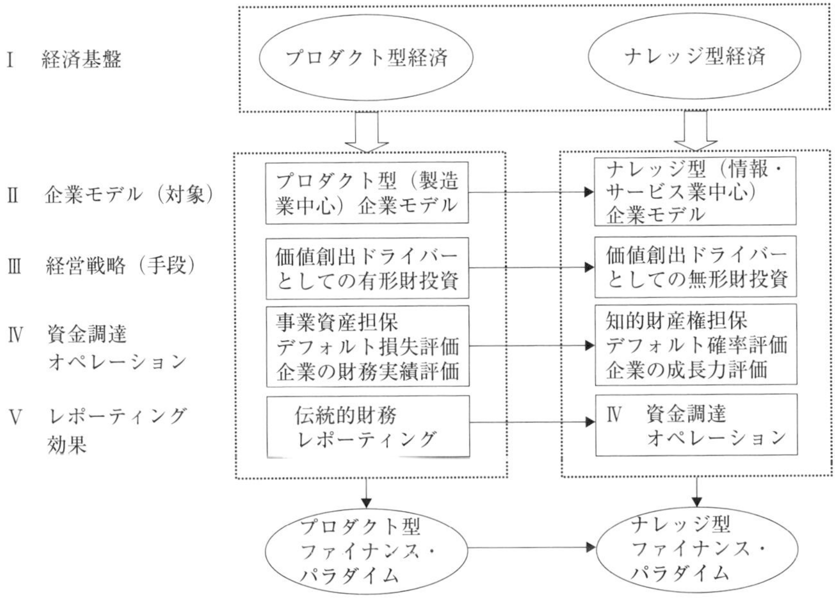

出典：古賀［2014］169 頁，図表 10-1 を一部加筆・修正の上，引用。

説明しておきたい。知財担保によるデフォルト損失は，対象となる担保資産を知財という無形財（知的資産）を活用するものであり，あくまで伝統的担保融資の延長線上にあり，デフォルト損失という既に発生した損失額の補填をなす点で，過去指向的である。他方，デフォルト確率は，融資先企業の成長力，つまり，企業の将来キャッシュ・フローの創出能力を評価対象とし，具体的には経営者の能力や企業の競争力（販売力，技術力，研究開発力）を評価内容とする点で将来指向的である。事業性評価ファイナンスとは，企業の成長力を評価しようとするデフォルト確率評価モデルとも合致する。

　以上の説明を要約して示したのが，図表1—7である。

図表1—7　知的財産権担保融資から成長性評価融資へ

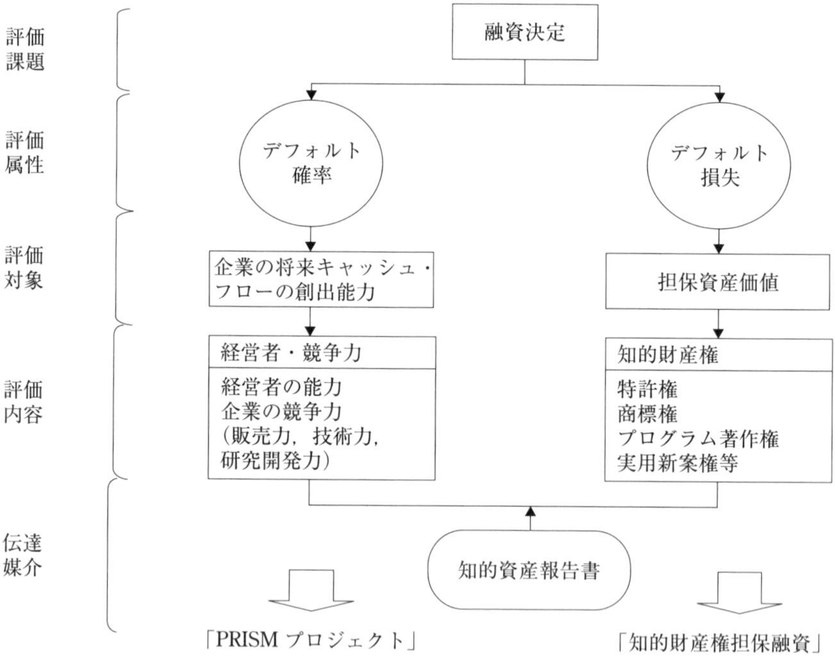

出典：古賀［2014］155頁，図表9-3より引用。

(3)　中小企業と知的資産ファイナンス

このような知的資産に依拠したファイナンスがとくに重要になるのは，中小規模の企業である（Huggins & Weir［2006］）。

① 　中小企業の価値は経営者や技術者等の人的資本に大きく依存する。とくに創業期にある中小企業の場合，事業の根幹的アイディアやプロセスは創業経営者や直近の従業員に依存しがちである。

② 　中小企業は相対的に規模が小さくコスト高であり，機械・建物等の有形資産の所有量も小さい。

③ 　中小企業は大企業よりも概して小回りがきき，他の事業体との連携もとりやすいので，サプライヤーや顧客，協力会社等との関係構築が極めて重要である。

上記①は人的資産，上記②は構造資産，また，上記③は関係資産に関するものであり，総じて中小企業にとっていかに無形財ないし知的資産が重要であるかを例示している。

なお，図表1—8は，現下の中小企業をめぐる環境変化と知的資産経営・ファイナンスの全体像を経営の外部と内部の2つの側面から，また知的資産ファイナンスについて直接金融と間接金融の2つの側面から体系的に表している。ここでキーをなすのが知的資産であり，その実態を的確に把握して，金融の活性化を目指そうとするのが事業性評価である。

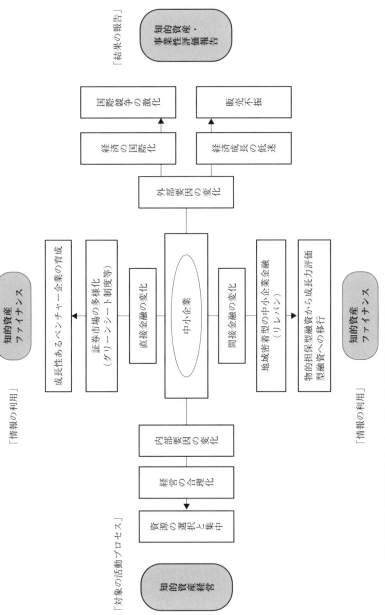

図表 1—8　中小企業を取り巻く環境変化と知的資産経営

出典：武田［2004］講演資料を参考に、著者が知的資産経営に適用したものである。

第4節

リレーションシップバンキング,地域密着型金融と事業性評価
―金融庁事業性評価制度への歩み―

(1)　歴史的推移

　金融機関による事業性融資は,歴史的にはリレーションシップバンキングや地域密着型金融とも密接に関連づけられ,その一連の流れの中で理解される。平成 14 年 10 月,金融庁は金融再生プログラムを策定し,地域金融機関に関して,主要行とは異なる特性を有するリレーションシップバンキングのあり方を多面的な尺度から検討することを表明した。これを受けて,翌平成 15 年 3 月,リレーションシップバンキングの機能強化に関するアクションプログラム(平成 15 ~ 16 年度)を作成し,リレーションシップバンキングの機能強化計画を示した。その後,これに連動する形で,平成 17 年 3 月,金融庁は地域密着型金融の機能強化に関するアクションプログラム(平成 17 ~ 18 年度)を作成し,その後の取組みについての評価と今後の対応について検討した。地域金融機関をめぐるこれらの一連の動きが事業性評価融資へと収斂した(平成 25 年 9 月金融モニタリング基本方針)。

　図表 1―9 は,以上の流れを要約して示している。

(2)　リレーションシップバンキングと事業性評価融資

　リレーションシップバンキングとは,一般に金融機関が顧客との間で親密な関係を長く維持することにより,その情報を基に貸出等の金融サービスを提供するビジネスモデルをいう(金融審議会,平成 15 年 3 月 27 日,3 頁)。資金の貸し手と借り手との間には通常,情報ギャップ(情報の非対称性)が存在すること

図表 1—9　リレーションシップバンキング：事業性評価の歩み

平成 14 年 10 月	金融再生プログラム →地域金融機関の不良債権処理については，主要行とは異なる特性を有するリレーションシップバンキングのあり方を多面的な尺度からの検討
15 年 3 月	リレーションシップバンキングの機能強化に関するアクションプログラム（15 ～ 16 年度） →リレーションシップバンキングの機能を強化し，中小企業の再生と地域経済の活性化を図るため各種の取組みを進めることによって，不良債権問題も同時に解決。リレーションシップバンキングの機能強化計画の提出
15 年 6 月	事務ガイドラインの改正 →リレーションシップバンキングの機能の一環として行うコンサルティング業務等取引先への支援業務が，付随業務に該当することを明確化
17 年 3 月	地域密着型金融の機能強化に関するアクションプログラム（17 ～ 18 年度）
19 年 4 月	地域密着型金融の取組みについての評価と今後の対応について（金融審議会第二部会報告）
19 年 8 月	監督指針の改正 →時限プログラムから恒久的な枠組みへ
20 年 9 月	リーマンショック
21 年 12 月	中小企業金融円滑化法（二度の延長を経て，25 年 3 月に終了）
23 年 5 月	監督指針の改正 →地域密着型金融をビジネスモデルとして確立
25 年 9 月	金融モニタリング基本方針 →事業性にかかるモニタリングの開始
26 年 9 月	金融モニタリング基本方針
27 年 9 月	金融行政方針

出典：金融庁「これまでの金融行政における取り組みについて」平成 27 年 12 月 21 日，1 頁。

から，貸し手は借り手の信用リスクに関して十分な情報を持たないことが多い。そこで，貸し手は借り手と長期的・継続的な関係を築くことによって借り手が開示したくない信用情報をより多く入手できるようにするとともに，モニタリング等のコスト軽減を可能とする点に，リレーションシップバンキングの本質がある（金融審議会，同上書）。

　歴史的には，リレーションシップバンキングが明確になったのは，平成 14（2002）年 10 月の金融再生プログラムのことであり，それを受けて，地方銀行・信用金庫等の中小・地域金融機関を中心として，地域企業の事業再生に向

けてリレーションシップバンキングの持続可能性への取り組みが示された（金融庁, 平成 15 年 3 月 28 日）。

リレーションシップバンキングと事業性評価融資とは，次のように強い類似性をもつ。

① 融資の担い手として，リレーションシップバンキングも事業性評価融資もともに中小・地域金融機関，すなわち地方銀行，信用金庫および信用組合である（金融審議会, 同上書）。これらの金融機関は，営業地域が限定されており，中小企業や個人を主要な融資対象として特定の地域や業種に密着した営業展開を行う。

② 融資先企業との関係という側面から，リレーションシップバンキングも事業性融資もともに経営者個人の資質等，定量化が困難な信用情報の活用を図る点で共通性をもつ。ともに定量化情報や担保・保証よりもフェイス・トゥー・フェイスの関連に基づく経営状況に注目する。

③ 地域経済の側面から，両者ともに中小・地域金融機関を地域経済における決済機能の中心的な役割を担っているとの共通の認識に立つ。事業性評価の融資も，借り手企業の事業性内容や成長性などを適切に評価・助言することによって，企業や産業の成長，地域経済の活性化を目指そうとしている。

このように，リレーションシップバンキングと事業性評価とは密接に関連しあっているが，前者はフェイス・トゥー・フェイスのコミットメント（関与）の重要性をとくに強調する点に特徴がある。このようなコミットメントに伴い，貸し手金融機関と借り手企業の双方ともにコスト（借り手の信用リスクに関する情報ギャップによるコスト）が軽減される反面，コミットメントに伴う過大な信用リスク等のコストが生じることもある（金融審議会, 同上書）。

(3)　地域密着型金融と事業性評価融資

これらの議論を受けて，金融庁は中小・地域金融機関について，新たなアクションプログラム（平成 17 年 3 月 29 日）を公表し，地域密着型金融の機能強

化を図った。そこでは，地域密着型金融の本質について，次のように規定している。

　「地域密着型金融の本質は，金融機関が，長期的な取引関係により得られた情報を活用し，対面交渉を含む質の高いコミュニケーションを通じて融資先企業の経営状況等を的確に把握し，これにより中小企業等への金融仲介機能を強化するとともに，金融機関自身の収益向上を図ることにある」（金融庁,同上書，2頁）。

　これより，地域密着型金融が地域経済の活性化という側面から，長期的な取引関係から得られた情報を活用し，コミュニケーションを通じての融資先企業の経営状況等を把握することによって，金融機関の収益向上を図ろうとする点において，リレーションシップバンキングと類似している。

　同様に，地域密着型金融は，事業性評価融資とも密接に関連している。両者の共通点として，次の点があげられる。（金融庁　西田直樹審議官「地域金融機関に期待される役割」平成28年5月,24-26頁参照）。

　▶中長期的視点に立った顧客企業との継続的・日常的な関係強化を図る。

　▶顧客企業のライフステージに応じた事業内容の評価と最適なソリューションの提案をなす。

　▶財務データ・物的担保への偏重から，知財・ノウハウ・人材等の非財務データを重視する。

　他方，相違点としては，地域密着型金融は，顧客企業の事業拡大・経営改善による地域経済の活性化を通じて，地域金融機関の顧客基盤の維持・拡大に伴う自行の収益力・財務の健全性の向上を目的としている。それに対して，事業性評価金融は，融資の方法として企業の財務データ・物的担保に過度に依存するビジネスモデルから，企業の短・中長期の事業性評価に基づくビジネスモデルへの転換を図ろうとするものである。最終的に自行の収益力・財務の健全性の向上を目指す点では共通であるが，そのアプローチなり方法論において相違している。

〈主要参考文献〉

五味廣文［1999］「預金等受入金融機関に係る検査マニュアルについて」
　〈https://www.fsa.go.jp/p_fsa/manual/yokin.pdf〉
堀江康熙［2015］「人口減少下の地域金融機関経営」『土地総合研究』2015 年夏季号。
Huggins, R. and M. Weir（2006）, "Managing Intellectual Assets in SMEs," Intellectual Assets
　Center, *Presentation Paper for Workshop*.
金融庁［2013］「平成 25 事務年度 金融モニタリング基本方針」
　〈https://www.fsa.go.jp/news/25/20130906-3/10.pdf〉
─────［2014］「平成 26 事務年度金融モニタリング基本方針（監督・検査基本方針）」
　〈https://www.fsa.go.jp/news/26/20140911-1/01.pdf〉
─────［2015］「これまでの金融行政における取り組みについて」
　〈https://www.fsa.go.jp/singi/kinyuchukai/siryou/20151221/03.pdf〉
─────［2015］「平成 27 年事務年度金融行政方針」
　〈https://www.fsa.go.jp/news/27/20150918-1/01.pdf〉
─────［2016］「第 1 回金融モニタリング有識者会議資料」
　〈https://www.fsa.go.jp/singi/monitoring/siryou/20160824/01.pdf〉
─────［2016］「平成 27 事務年度金融レポート」
　〈https://www.fsa.go.jp/news/28/20160915-4/01.pdf〉
金融審議会金融分科会第二部会［2003］「リレーションシップバンキングの機能強化に向
　けて」〈https://www.fsa.go.jp/news/newsj/14/singi/f-20030327-1.pdf〉
─────［2005］「リレーションシップバンキングの機能強化に関するアクションプログ
　ラムの実績等の評価等に関する議論の整理」
　〈https://www.fsa.go.jp/news/newsj/16/f-20050328-3.pdf〉
─────［2016］「平成 27 事務年度金融レポート」（平成 28 年 9 月）。
古賀智敏［2014］『知的資産の会計（改訂増補版）』千倉書房。
小立敬［2014］「人口減少社会の地域銀行に求められる経営課題─地域銀行再編の背景と
　論点─」『野村資本市場クォータリー』2014 秋季号
　〈http://www.nicmr.com/nicmr/report/repo/2014/2014aut07.pdf〉
内閣府経済社会総合研究所：野村資本市場研究所『野村資本市場クォータリー』春季号。
内閣府経済社会総合研究所［2011］「日本の金融危機と金融行政」第 2 巻『日本経済の記
　録─金融危機，デフレと回復過程─』第 4 部　金融危機とデフレーション（1997 ～ 2001 年）
　を中心に〈http://www.esri.go.jp/jp/prj/sbubble/history/history_02/analysis_02_04_02.pdf〉
西田直樹［2016］「地域金融機関に期待される役割」
　〈https://www.fsa.go.jp/frtc/kenkyu/event/20160623-2/s2_1_1.pdf〉
日本経済再生本部［2014］「日本再興戦略　（改訂 2014）　─未来への挑戦─」
　〈https://www.kantei.go.jp/jp/singi/keizaisaisei/pdf/honbun2JP.pdf〉
武田隆二［2004］，第 21 回 TKC 全国役員大会講演資料。

第2章

知的資産の
創造的利用とイノベーション

第2章では，事業性評価の中核をなす知的資産に焦点をあて，「知的資産の
創造的利用─イノベーション─企業の競争優位性─情報発信─資金調達」の一
連の流れを示したい。まず，第1節では，知的資産とは何か，その意義と分
類，特徴を明らかにし，知的資産のもつ競争優位性の源泉を探り，第2節およ
び第3節では，海外並びに国内の中小規模企業を中心として，中小規模企業の
競争優位性の源泉としてどのような知的資産を，いかに利用したか，知的資産
経営の実践実態を紹介する。また，第4節および第5節は，知的資産経営の代
表的利用主体としての金融機関，そのコミュニケーション・ツールとして先駆
的取り組みを行ったドイツの知的資産報告書の特徴を提示しよう。

第1節
知的資産とは何か：
定義・分類・特徴

（1） 知的資産とは

　事業性評価とは，企業の将来的成長力を評価しようとするものであり，その源泉をなす無形価値ないし知的資産に注目する金融機関の融資アプローチである。それでは，知的資産とは何であろうか。知的資産（intellectual capital）という用語が初めて用いられたのは，1969年，経済学者ジョン・ガルブレイス（John Galbraith）であったとされる（Carson et al.［2004］p.445）。その後，1990年代に入ってステュアート（Stewart）がフォーテュン誌［1997］のカバーストーリーに知的資産を掲載するようになって，ビジネス社会で広く用いられるようになった。そこではステュアートは，ごく広義に知的資産をナレッジ，情報，知的財産その他個人が企業で得た経験の総体として定義づけている。

　知的資産とは何かについて，必ずしも統一性ある定義が確立しているわけではない。以下では，ごく大まかに知的資産とは，人材，技術力，ネットワーク，ブランドなど広く企業の価値創出ないしキャッシュ・フローを生み出す源泉となる無形の価値をいう。知的資産の一例として，人材を考えてみよう。人材に係るコストは，モノ作りの産業経済（プロダクト市場経済）では，コスト要因としての「人件費」として扱われるが，知識創造経済（ナレッジ市場経済）では，企業価値を生み出すバリュー要因としての「見えざる資産（無形価値）」を表す（図表2—1参照）。これが知的資産である。

　従来，知的資産は一般に企業会計上，貸借対照表に計上されず簿外処理（オフバランス）の資産として扱われる。人材やR&D投資は，本来，将来的利益（キャッシュ・フロー）を獲得することを目指して投資され，将来の利益創出

図表 2─1　人材の二面性─コスト対バリュー

出典：筆者作成。

（バリュー）源泉をなすのに対して，貸借対照表上ではそれは資産計上されないため，知的資産は多くの場合，短期の費用（コスト）要因となる。このように，知的資産投資による短期的コスト負担と長期的ベネフィットの創出という時間軸の中で，だれが種をまき，だれが実を取るか経営者の業績評価と責任を判断しなければならない。

（2）　知的資産の類似概念

　知的資産とよく似た用語として，インタンジブルズ（無形財）や無形資産，知的財産または知的財産権，知的資本などがある。まず，これら類似概念の異同点を示しておきたい（詳細は，古賀［2014a］5-10 頁参照）。

①　知的資産とインタンジブルズ（無形財），無形資産
　知的資産とインタンジブルズ（無形財）とは，ともに内容的に広く将来的ベネフィットの源泉をなし，相互互換的に用いられることが多い。海外の文献では，むしろインタンジブルズが広く用いられている（MERITUM［2002］et al.）。それに対して，無形資産は一般に有形か無形かという資産の形態に基づく分類であり，会計の文献に用いられることが多い。

②　知的資産と知的財産権および知的資本
　知的資産と知的財産または知的財産権とは，しばしば混同して用いられることがある。しかし，知的財産（intellectual property）は，一般に特許権や商標権のように法的に保護された無形財であるのに対して，知的資産は広く知的財産

に加えて，法的に保護される前の未登録の企業知識，例えば，製図，ソフト
ウェア，データベース，公式やマニュアル，取引上の機密事項等を包含する点
で相違している。

　知的資本（intellectual capital）は経営や法律の領域で用いられ，通常，知的資
産と同義に用いられることが多い。しかしながら，コントラクター
（Contractor［2001］）のように，知的資本を組織文化や顧客の満足度等を含む人
的・組織的資本として定義づける見方もある（古賀［2014a］）。

　以上，知的資産をめぐって種々多様な定義づけが文献上見られるが（図表2
―2参照），本書では，知的資産ないし知的資本およびインタンジブルズを同義
として相互互換的に用いることにしたい。

図表2―2　知的資産（無形財／インタンジブルズ）と類似概念の比較

▶知的資産と無形資産	▶知的資産と無形財／インタンジブルズとは同義 ▶無形資産は，有形か無形かという資産の形態的視点に立つ（会計的コンテクスト）
▶知的資産と知的財産権	▶知的資産は，知的財産権（特許権，商標権，著作権など法的に登録・保護された無形資産）を包含
▶知的資産と知的資本	▶知的資本は集合的企業組織，従業員の知識・技術・ノウハウ・組織的文化・顧客満足等のより広い人的・組織資本を表すものとして区別する見方もあるが，一般に両者は同義として使用

　出典：古賀［2014a］に基づき，筆者作成。

(3)　知的資産の分類

　一般に知的資産は，大きく人的資産，構造資産および関係資産の3つに区分
される（Grasenick et al.［2004］p.270；MERITUM［2002］p.63；古賀［2014a］10頁
等）。

　①　人的資産：従業員が入社することによって持ち込まれ，退出時に持ち出
　　　されるナレッジ―スキル，経験並びに能力など
　②　構造資産：従業員が退職後にも業務の終了後に企業に残留するナレッジ

群—組織上のルーチン，手続き，システム，文化，データベース等（知的財産権も含む）

③ 関係資産：供給業者，R&D 提携者といった企業の外部的関係に結びついたすべての資源—企業のステークホルダーとの関係に影響する人的，構造資産の一部（投資者，債権者，消費者，供給業者等）に加えて，企業についてのパーセプション（ブランド，レビュテーション等）

図表 2—3 は，以上の議論を要約して示している。また，図表 2—4 は，これら 3 つの知的資産の詳細な例示をなす。

これらの 3 つの知的資産は，消費者と市場，ネットワークと提携，人的資源，プロセスおよびイノベーション，リーダーシップ，適応力，透明性，職場組織や文化等にさらに細分することが出来る。図表 2—5 は，知的資産の体系を例示する。しかも，これらの 3 つの知的資産は，相互に関連し合い，補完的・統合的な関係にある点に留意されたい（図表 2—6 参照）。

図表 2—3 知的資産の三分類

種 類	定 義	具体例
◆人的資産 （human capital）	従業員の退職時に一緒に持ち出される知識をいい，個々人の知識，技術経験，能力などを含む	イノベーション能力，創造力，ノウハウ，過去の経験，チームワーク能力，柔軟性，モチベーション，学習能力，忠誠心，教育・訓練等
◆構造資産 （structural capital）	従業員の退職時に企業内に残留する知識をいい，組織的ルーチン，手続き，システム，文化，データベースなどを含む	組織の柔軟性，文書サービス，知識センターの整備，IT，組織の学習能力
◆関係資産 （relational capital）	企業の対外的関係，顧客，供給業者，R&D パートナーとの関係に付随したすべての資源をいい，ステークホルダーとの関係に含まれる人的資産・構造資産の一部や企業に対して抱くステークホルダーのイメージなどを含む	イメージ，顧客ロイヤリティ（忠誠心），顧客満足度，供給業者との関係，宣伝力，金融機関への交渉力，環境活動等

出典：MERITUM［2002］p.63；古賀［2014a］10 頁より引用。

図表 2—4　知的資産の具体例

人的資産	関係資産	構造（組織）資産	
		知的財産権	インフラ資産
1　ノウハウ 2　教育 3　職業上の資格 4　労働関係知識 5　適正評価 6　精神分析的評価 7　業務関係能力 8　起業家精神 　・革新性 　・進取の精神 　・反応力 　・可変性	1　ブランド 2　顧客 3　企業名 4　バックフォーグ・ 　　オーダー 5　流通チャンネル 6　事業連携 7　ライセンス契約 8　有利な契約 9　フランチャイズ契約	1　特許権 2　著作権 3　デザイン権 4　取引上の機密 5　商標権 6　サービス・ 　　マーク	1　経営者の哲学 2　企業文化 3　マネジメント・ 　　プロセス 4　情報システム 5　ネットワーク・ 　　システム 6　金融機関

出典：El-Tawy and Tollington［2010］p.454 より引用。

図表 2—5　知的資産の体系

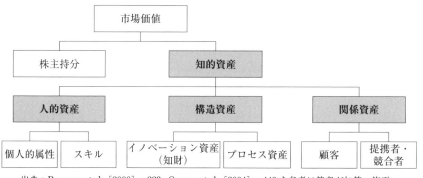

出典：Brennan et al.［2000］p.223 ; Carson et al.［2004］p.449 を参考に筆者が加筆・修正。

（4）　知的資産の特性と競争優位性

　このような知的資産が拡大するようになったのは，設備集約型のプロダクト経済から知識集約型のナレッジ経済への経済基盤の変化がある。20 世紀では機械・設備等の有形財が事業活動の主役であり，それをいかに効率的に活用して用役・サービスを創出するかという物的効率性の追求にウェイトが置かれてきた。他方，21 世紀には企業価値の創出源泉として，人材，技術，ネット

図表 2―6　3 つの知的資産の相互関連性

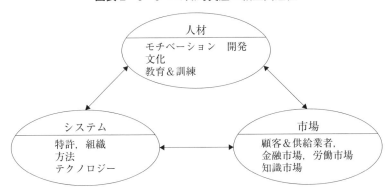

出典：Brennan et al.［2000］p.223 より引用。
原出典：Danish Confederation of Trade Unions［1999］.

ワーク，ブランド等の「見えざる資産＝知的資産」が企業価値を生み出す主たる源泉をなし，知的資産を開発・発展するための知的創造性の追求が企業の雌雄を決することになる（図表 2―7 参照）。実際，米国 S ＆ P500 市場価値に占める無形価値の割合は，1975 年（17%）から 2010 年（80%）まで過去 35 年間において著しく増加し，ナレッジ経済の拡大・発展を示している（図表 2―8 参照）。同様の調査結果は，わが国においても示されている（古賀［2014a］37-38 頁）。

　知的資産の拡充・発展をもたらしたのは，知的資産のもつ競争優位性である。サンチェス等（Sanchez et al.［2000］）は，バーニーの競争優位性の 4 つの規準，つまり顧客価値創造，希少性，模倣の容易性および代用可能性の要件を満足するのはインタンジブルズだけであるとして，知的資産の競争優位性の源泉を提示している（Ibid., p.314）。一般に知的資産の競争優位性をもたらすのは，次のような特性にある（Lev［2001］；古賀［2014a］11-13 頁）。

①　非競合性（nonrivalry）と汎用性（salability）：ある者がある資産を使っている時に，他者がそれを同時に，かつ反復的に適用し得る特性をいう。たとえば，航空会社の予約システムや飛行プログラムなど，無数の利用者が同時に使用することができる。

②　収益逓増性（increasing returns）：有形資産は一般に使用によって生産力

図表 2—7　経済基盤の変化と価値創出源泉の変容

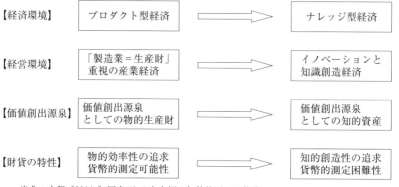

出典：古賀［2014a］図表 10-1 を大幅に加筆修正して作成。

図表 2—8　市場価値に占める無形価値の割合—米国 S&P500

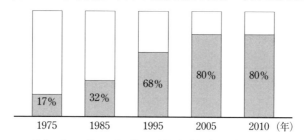

出典：Ocean Romo, Intellectual Capital Equity, website より。

が逓減の原則に支配されるのに対して，アイディアや知識，情報等の知的
資産は蓄積されることによって新たな知的資産が開発されるという点で蓄
積的であり，収益は増大する。

③　コンテクスト依存性（context specific）：特許や熟練労働力，職場の文
化，市場ネットワークとは特定の企業に関連づけられたものであり，他企
業が容易に模倣することができない。例えば，内部創設された特許権等は
相互に密接に依存することが多く，その価値は特定のコンテクストに依存
し，容易に模倣できない。

④　ネットワーク効果（network effect）：ネットワークの規模が拡大するほ
どに相互に関連し合い取引を行う人は増加するので，ネットワークの構成

　メンバーとして得られるベネフィットは増大する。しかも，ネットワークの規模が拡大するほどにソフトウェアやディスク，カセット等の開発によるベネフィットも増大することによって，ネットワーク市場でのベネフィットも一層増大するというポジティブ・フィードバックをもたらす。

　以上，知的資産は，それを同時に，かつ反復的に利用でき（「非競合性」または「汎用性」），アイディア，知識等は蓄積されることによって，新たな知的資産を開発することができ（「収益逓増性」），特許やスキルは特定の企業や状況に固有であって模倣されにくく（「コンテクスト依存性」），かつ，ネットワークの規模が拡大するほどにベネフィットも増大するという「ネットワーク効果」をもつ。

　図表 2—9 は，以上の議論を要約して示したものである。

図表 2—9　知的資産の競争優位性の源泉

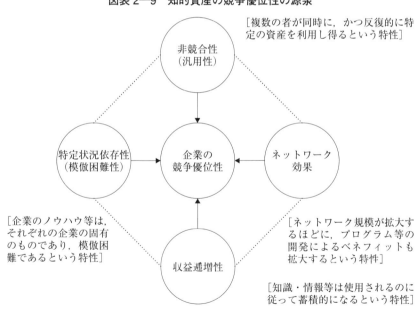

出典：古賀［2014a］12 頁「図表1-4」より引用。

第2節
知的資産経営と中小企業の競争優位性
―OECD プロジェクトの求めるもの―

(1) イノベーション，知的資産と企業成長

　OECD 新企業成長戦略の鍵をなすのは，自社の知的資産をいかに把握し，それを戦略的に活用するか，つまり知的資産経営にかかっていると言えよう。一般に知的資産経営とは，「企業の持続的発展のためには，差別化の源泉として，人材，技術，組織力，顧客とのネットワーク，ブランド等の「知的資産」を活用した，他者が真似ることのできない経営のやり方が重要」（経済産業省「知的資産経営の開示ガイドライン」2005 年 10 月）との認識のもとで，「企業が有する潜在力を再認識して活用すること」（同上）に他ならない。その意図するところは，「経営資源の配分を最適化し，企業価値を高め，ひいてはわが国経済や世界経済にとって，プラスの効果をもたらす」（同上）ことであり，企業に新たなイノベーションを生み出すことである。

　ここで，イノベーション，知的資産と企業成長とは，およそ次のような関係にある（Rooney & Dumay［2017］）。

①　企業成長の源泉をなすのは，イノベーションである。イノベーションとは，新製品開発・品質向上のみならず，コミュニケーション・ツールを用いたすべての知識促進・価値創造プロセスを包含する包括的・多面的概念である（p.185）。

②　イノベーションの源泉をなすのは，企業の研究開発力（R & D）や経営力，技術力，営業力といった種々の無形価値ないし知的資産である。これらの諸要素が相互に結び合って，全体として企業の将来的価値（キャッシュ・フロー）をもたらす。

③　この「イノベーション＝技術的テクノロジー」を効率的にキャッシュ・フローに変換させることが，マネジメントの課題である。知的資産経営とは，種々の知的資産の要素を把握し，コントロール・伝達することによって新たな企業価値を創出することをいう。

図表 2—10 は，以上の議論を要約して示している。

図表 2—10　ナレッジ資産とイノベーションとの関係

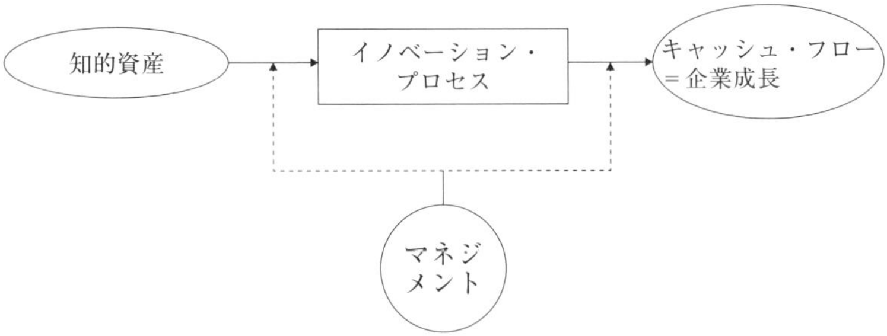

(2)　OECD プロジェクトが求めるもの

1996 年 OECD ヘルシンキ会議以降，無形財（知的資産）をめぐる OECD の関心は，共通のコンセプトとコミュニケーション・ツールの探求に向けられてきた（古賀［2014b］19–21 頁）。20 世紀末，ナレッジ・ベース経済の台頭を背景として，OECD は特許，ソフトウェア，R&D，人材トレーニング等の無形財（ないし知的資産）投資の重要性を認識し，このようなナレッジ資産を認識・測定する技術的脆弱性と不適切な資源配分リスクの問題性に注目した。それを受けて OECD アムステルダム会議（1999）では，インタンジブルズの測定・報告・マネジメントのための任意開示ガイドラインの策定合意が結ばれた。このような OECD の一連の動向が，その後の 21 世紀初頭以降の北欧・日本などの知的資産経営のあり方とレポーティングに大きな影響を与えたことは言うまでもない。

最新の OECD 新企業戦略報告（2012）では，無形財（インタンジブルズ）を用いて資源配分と経済成長の関係について分析フレームワークが提唱されて

いる。そこでも OECD 諸国で無形財の重要性が著しく増大したにもかかわらず，その特性により評価・測定が著しく困難であるため，スタート・アップ企業のファイナンスが阻害され，無形財の効率的配分が困難になっているとの問題意識に立つ。これを改善するためには，無形財に関する既存の評価・会計のフレームワークを改案・策定することが必要になるというものである（OECD［2012］）。

このような OECD フレームワークが示唆するのは，新たな企業成長と競争力の源泉としてのイノベーションの促進であり，そのための新たなテクノロジーの発展である。テクノロジーの変革は，企業の種々の生産要素の相互作用によってもたらされるものであり，ナレッジ（知的資産）ないし無形財こそがイノベーションのキー・ポイントをなすとの基本的認識に立つ。

図表2—11 に示されるように，有形財並びに無形財を「インプット」として，R&D やデザイン，人材教育訓練等の企業のイノベーション活動が展開され，そのアウトプットとして新規製品・サービスや新たな生産方法等の「アウトプット」が算出されたり，新たな特許や人材開発などイノベーション資本が創出される。ここでは，「イノベーション—知的資産—企業成長」が相互に密接に関連し合っている点に注目されたい。それ故，経営者は知的資産の対内的並びに対外的な相互作用を理解し，コントロールし，伝達することが必要である。この場合の共通のコミュニケーション・ツールをなすのが後述の「知的資産報告書」である。

(3) イノベーションの類型化と知的資産

① イノベーションの形態別分類と知的資産

一般にイノベーションとは，「新規に，あるいは著しく改善された製品（財貨またはサービス），プロセス，新しいマーケティング方法ないし企業実践，職場組織や外部との関係における斬新な組織的方法を生み出すこと」（OECD/Eurostat *Oslo Manual*［2005］p.46）をいう。

これより，形態別にイノベーションは次の4つに区分できる。

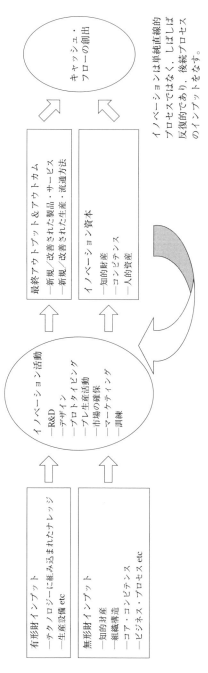

図表2-11　知的資産，イノベーションとキャッシュ・フロー

出典：Stone et al.［2008］p.II-5；OECD［2012］を参考に，一部加筆・修正。

- ▶「製品イノベーション」：技術仕様書（technical specification），要素や素材における著しい改善—例えば，近年のフォーフォーンやスマートフォンが開発・登場することによって，それまでモバイルフォーンのリーディング製造会社であったノキア社（Nokia）の2011年第2四半期の利益が487百万ユーロ減少した（Rooney & Dumay［2017］p.186）。

- ▶「プロセス・イノベーション」：生産または流通方法における新規または著しい改善，技法における著しい変更—例えば，製造会社における効率的な分業体制を整備することによって，顕著な生産性の改善／コスト削減を実現をする。

- ▶「マーケティング・イノベーション」：製品デザインや梱包・配置・販売促進・価格設定等における著しい変化（変更）—例えば，短期的な利益を追求しないという「非効率性の効率性」をモットーとする販売会社や，顧客に対して「時は金なり」という迅速なスピード経営で実績を上げてきた中小企業など。

- ▶「組織イノベーション」：職場組織での新規のビジネス実践や，新たなマネジメント・システムの導入—例えば，目標業績対応型の報酬制度，業務等級別の販売目標制度，独自の記入方式による日誌報告制度など。

持続的に高収益をあげている成長型中堅中小企業やベンチャー企業の多くは，これらのイノベーション形態の1つもしくは複数において成功している。

② イノベーションの分類と知的資産

イノベーションは，それが急進的であるか持続的であるかによって，3つのレベルに区分することができる（Rooney & Dumay［2017］p.190）。

- ▶「急進的イノベーション（radical innovation）」：新しいアイディアやテクノロジーに基づく新規ビジネスやプロダクト・ラインの発展，その他著しいコスト削減をもたらすようなイノベーションをいい，従来存在したものとの継続／破壊をなすイノベーションである。

- ▶「進化的イノベーション（evolutionary innovation）」：典型的には現行の製品やサービスの拡大ないし著しい変更，垂直的統合か，コア・コンピタン

スの拡大，著しく新しい市場の開拓などが含まれる。競争的ゲームのルールの変更をなすほどではないが，経常的なコスト／パフォーマンスの改善以上の変化をいう。

▶「持続的イノベーション（incremental innovation）」：現行のビジネス・モデルの改善で，顕著な変化を含まないものをいう。新たな業務の開発というよりは，現行の業務に付随した問題の習得を内容とした持続的な変化や改善を内容とする。

いずれのタイプであれ，成功したイノベーションはすべて何らかの形で人的，構造的あるいは関係的資産の組み合わせを要する。これらのイノベーションは，それぞれ次のように知的資産と関連づけられる（Rooney & Dumay [2017] pp.190–192）。

【急進的イノベーションと関係資産】

3 つのタイプの知的資産はいずれも急進的イノベーションを促進するのに役立つが，知的資産との関係において関係資産が最も顕著な役割をなす。第 1 に，一般にビジネス関係を構築しようとする場合，自社にとっていかに最適な関係パートナーを得ることができるかが最大の成功要因となる。どのような関係資産が重要となるかは，それぞれの企業間のライフサイクル・ステージによって異なる。第 2 に，「見えざる顧客ニーズ」をいかに把握するかが，急進的イノベーションにとって決定的に重要である。このような顧客ニーズを見つけ出すプロセスは，分離して把握されるものではなく，有能な関係パートナーとの連携によって実現される。

急進的イノベーションでは，構造資産や人的資産はイノベーションの促進要因よりも，阻害要因になるかもしれない。厳格すぎる規定や審査ルール，独裁的組織は大胆かつ斬新な挑戦的試みや思いきった根幹的イノベーションの阻害要因になる。優れた研究開発活動の成果は，成功の可能性に過度に拘われた組織文化のもとでは生まれにくい（Rooney & Dumay [2017] p.191）。同様に，人的資産はイノベーションの成否に著しく影響する外部関係者との関係に二次的役割しか果たさず，また，一人ないし二人の個人に過度に依存することはその

人材が退職することによってイノベーションが妨げられることになる。実際，アップル社のスティーブ・ジョブのように，人材がイノベーションを生み出すとの根強い考えがあるが，人材の個性や組織的文化などの有無が必ずしも急進的イノベーションの成功要素をなすものではない（Dumay et al.［2013］の分析結果参照）。

【進化的イノベーションと構造資産】

トップダウンによる進化的イノベーションを行うためには，組織内部での力関係，各階層での相互関係がより決定的に重要になる。また，テクノロジーのような構造資産は現存の人的資産を支援するのに不可欠であり，両者相まって進化的イノベーションのための組織的環境や構造をなす。ここでも，リーダーシップやパーソナリティ，企業内部でのコミュニケーションといった人的資産は進化的イノベーションにおいて重要ではあるが，急進的イノベーションの場合と同様，人的資産はイノベーションの阻害ないし妨害要因にもなる。

【持続的イノベーションと人的資産】

持続的イノベーションでは，プロダクト（製・商品）やプロセスの改善がその主たる対象となる。この場合，既存の製品やプロセス等の問題点を把握し，改善できるのは人的資本である。これらのイノベーションは，日常的な業務やプロセスに関するものであるので，従業員と経営管理者との相互協力とそれを支える組織文化が重要になる。

以上の議論を要約して示したのが，図表2―12である。

（4）　イノベーション，知的資産と高成長中小企業：スイス高成長 SME の事例

OECD 高成長企業のプロジェクトの一例として，スイス高成長中小・中堅企業（SME）の事例を採り上げ，イノベーションの役割や高成長の成功要因およびインタンジブルズ（知的資産）の具体的内容について紹介することにしよう（Dembinsk et al.［2010］；OECD［2005］Chapter 5, pp.101-118 参照）。

図表2—12　3つのイノベーションと知的資産

イノベーションの分類	特　徴	関係資産	構造資産	人的資産
○急進的イノベーション	○新たなアイディア，テクノロジーに基づく新規のビジネスやプロダクト・ラインの開発・構築；非連続的／破壊的発展形態	○最も重要な成功要因	○阻害要因の可能性有り	○阻害要因の可能性有り
○進化的イノベーション	○現行の製品・サービスに対する拡張・著しい変更；持続的発展形態を上回る新たな価値創造		○最も重要な成功要因	○阻害要因の可能性有り
○持続的イノベーション	○現行ビジネス・モデルの改善，現行の問題の修復と改善；革新的改善			○最も重要な成功要因

出典：Rooney & Dumay［2017］p.190, Table 12・1につき，筆者が一部加筆修正して引用。

【イノベーションの役割】

　本ケーススタディは，スイスの11社の高成長SMEを対象としている。そのうち5社はスタート・アップ企業であり，6社は既に定着した企業である。業種的には，スタート・アップ企業にはITコンサルティングや種々の業務サービス関係企業が多いのに対して，定着企業には時計・金属・化学物質等の製造会社が多く含まれる。従業員数については，スタート・アップ企業では50名から130名ほどの規模である。

　その結果，イノベーションの役割について，次のような点が明らかになった（*Ibid.*, pp.105-106）。

①　11社中の7社について，企業成長は高度に斬新な製品もしくは概念の導入によって始まっている。このうち3社は新製品等の導入と同時に事業のスタート・アップを行っているのに対して，残りの4社は一定の成長期間を経て新製品の開発という急進的イノベーションが発生した。

②　3社では，イノベーションは高成長期間を通じて持続的（インクリメンタル）であるのに対して，4社では急進的（ラディカル）イノベーション

を経験した製品・サービスに対して，成長期間を通じて持続的イノベーションが生じている。

　このように，多くの場合，イノベーションは時々に急進的イノベーションを生じつつも，持続的な変革プロセスをもつ混合形態を示している。実際，従来見られないような新製品の開発を伴う場合であっても，それが行われる前では単なるデザインの変化が生じているにすぎない。したがって，変革のプロセスないし持続的イノベーションが，瞬間的・結果的な製品やサービスそのもののイノベーションの基盤をなす点で，より本質的かつ重要といえよう（*Ibid.*, p.106）。しかもイノベーションの領域区分についても，これらのイノベーションは製品，プロセス，マーケティングおよび組織において1つもしくは複数にわたって認められ，それが急進的か持続的か，あるいは製品，プロセス，マーケティング，組織のいずれの領域に見られるにせよ，イノベーションはスイス企業の活動における日常的要素である（*Ibid.*, p.106）.

【高成長企業の競争優位性ファクター】

　それでは，これらの企業の高成長をもたらしたファクターは何であろうか。いずれの企業も豊かな経験とリーダーシップをもった経営者によって運営される。これらの経営者は戦略的ビジョンを有し，そのおおよその内容は経営陣や主たるスタッフ・メンバーとも共有されている。高成長企業は，優れたリーダーシップのもとで経営戦略が各企業独自のノウハウやビジネス実践によって基礎づけられている（*Ibid.*, p.107）。

①　マーケット・アクセス（「顧客─サプライヤ関係」）：仕入・販売を行う卸売会社，患者に投薬を行う病院では「製薬会社（薬の仕入元）─病院（薬の販売元）─患者（薬の最終消費者）」の仕組みの中で「サプライヤ─顧客関係」が決定的な要素となる。

②　製品の品質：本調査において，多くの企業が指摘した成功要因が製品・サービスの品質である。これらの企業は絶えずプロセスの最適化に心がけ，技術的ノウハウのアップ・デーティングを図ってきた（たとえば，金属製品の品質コントロール，ソフトウェアの修正，その他欠陥箇所の発

見・補修等）。

③　イノベーション：高成長企業はイノベーティブ（革新的）である。顧客ニーズに完璧なまでに応えようとする新たなソフトウェア開発企業，医療機関のための新薬を開発する製薬会社，時計製造のための新素材を求める金属会社などは，その一例をなす。

④　マーケティング：企業の業績が素材よりもブランドやイメージに依存する企業では，マーケティングが最も重要な成功要因をなす。また，製薬会社の場合，医師へのアクセスとサービス提供が製品の品質と同様に重要になる。

　以上，スイス企業の事例分析からも，顧客ニーズに対応した新製品の開発（イノベーション）とサービスの提供，製品の欠陥・劣化についての絶えざるモニタリングと品質改善等が重要な成功要因と考えられる。

【インタンジブルズ（知的資産）】

　スイスの高成長企業について，競争優位性の源泉となる知的資産は何か。また，それをいかにして維持・保護しているであろうか。その要点は，次の通りである（*Ibid*., p.108）。

①　それぞれの企業のビジネス・モデルにとって，インタンジブルズないし知的資産は根幹的な重要性をもつ。これらのインタンジブルズの典型例として，ノウハウ，事業プロセス，企業哲学やブランド価値等がある。例えば，時計という製品ではなくて，「ライフスタイル」を販売する企業にとって，ブランドやイメージが決定的に重要であり，また，サファイア工作分野や消費者向けコンサルティング業務では，ノウハウがとくに重要になる。

②　インタンジブルズを保護する場合，常に同じ手法が用いられるわけではない。インタンジブルズの保護では，一般に特許等が考えられるが，中小企業にとって特許の取得にはコスト負担や手続上の繁雑さ，不確実性を伴うことからそれほど採用されていない。むしろノウハウをもった人材を維持・確保するための給与条件等の人事ポリシーが重要になっている。

　以上，図表2—13は，これらのスイス企業の成功要因を要約して示している。そこでは，スイスの中小・零細企業においては経営者のリーダーシップや顧客・供給業者との連携で重視されていること，イノベーションとの関連性において，ノウハウや特許が重要な役割をもつことを示唆する点に注目されたい。

図表 2−13　スイス企業の成長要因：要約

対象企業	マーケット	経営者リーダーシップ	イノベーション・プロセス	実務実践	パートナーシップ	インタンジブルズ
スタート・アップ1	ニッチ	決定的に重要	プロセス	顧客ニーズに対応したサプライ	顧客	ノウハウ
スタート・アップ2	停滞	重要	ケース・バイ・ケース	顧客関係	顧客（医師）	ノウハウ
スタート・アップ3	成長	決定的に重要	組織	ビジネス・モデル	顧客とサプライヤ	ノウハウ
スタート・アップ4	緩やかな成長	重要	急進的	イノベーション	顧客と大学と投資者	特許
スタート・アップ5	成長	決定的に重要	急進的	製品/サービス	顧客関係	ノウハウ
成熟企業1	急進な成長	決定的に重要	急進的・持続的	イメージ/マーケティング	サプライヤと流通業者	ブランド
成熟企業2	急速な成長	該当せず	持続的・限定的	技術力	長期顧客	ノウハウ
成熟企業3	成長	（家族内）継続	持続的	技術力	顧客ロイヤリティ	ノウハウ
成熟企業4	停滞	決定的に重要	急進的	カスタマナイズされたサービスのシステム化	顧客と大学関係	ノウハウ
成熟企業5	成長	決定的に重要	急進的・持続的	製品・サービスの顧客ロイヤリティ	処方箋作成者（医師と専門家）	ノウハウ/1-2件特許
成熟企業6	成長	決定的に重要	構造	製直的統合化	顧客/サプライヤ	ノウハウ

出典：Dembinsk et al.［2010］p.109, Table 5・2 より引用。

第3節

知的資産経営と中小企業の競争優位性
―日本企業の事例―

(1) 企業の競争優位性とは何か

　競争優位性（competitive advantage）とは何かについて，明確に確立した定義はない。一般に競争優位性とは，ある企業を特徴づける特有の能力（コンピテンス）をいい，広くスキルや資源の相対的有利性や高い市場評価，優れた顧客価格，コスト削減，それらの結果としてのマーケット・シェアの増大や収益性の向上等が例示される（Day & Wensley［1988］pp.2-3）。

　競争優位性は，「源泉―ポジション―業績」の統合化したフレームワークとして把握することができる。優れたスキルや資源を利用することによって企業は顧客価値の促進，コスト削減といったポジションの有利性を達成することができ，その結果として顧客満足度やロイヤリティ，マーケット・シェアや収益性の増大など業績の向上をもたらす。しかし，このような企業のポジションの優位性を維持するためには，他の企業が模倣できないように障壁を確保することが必要であり，そのための長期持続的な競争優位性の創造と維持を図るための企業利益の投資が不可欠になる。このような競争優位性の「源泉―ポジションの優位性―業績の優位性―利益の投資フィードバック」のサイクルを描いたのが，図表2―14である。以下，競争優位性のサイクルの主要な要素について説明を加えたい。

【競争優位性の源泉】

　競争優位性の源泉をなすのは，優れたスキルと資源である（Day & Wensley［1998］）。優れたスキルとは，他者よりもより効率的に個人的職能を果たす能

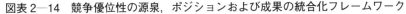

図表 2—14　競争優位性の源泉，ポジションおよび成果の統合化フレームワーク

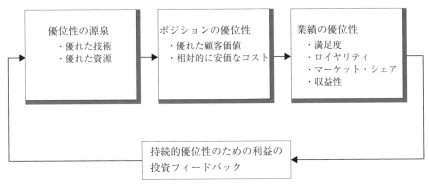

出典：Day & Wensley［1988］p.3, Fig.1 より引用。

力など，競合者から識別される個人の能力をいう。製品についてより正確に，あるいは信頼性をもって仕上げることができるエンジニアのスキルや技能的スキルである。このようなスキルはまた市場の変化に対してよりタイムリーに対応できるようなシステムや組織構造からもたらされることもある。

　競争優位性の中核をなす能力（コア・コンピタンス）として，大きく次の 3 つがある（Prahalad & Hamel［1990］：Yao & Koga［2017］）。

　▶多種多様なマーケットに接近する能力—「マーケティング能力」

　▶顧客ニーズに対応した製品の提供—「製品・サービス能力」

　▶ライバル企業による模倣困難な開発能力—「イノベーション能力」

　これらの優れたスキル・能力の産出基盤をなすのが，優れた資源である。資源理論（resource-based views）は，企業の資源こそが競争優位性の源泉とみる見方である。競争源泉としての資源には，製造工場，位置，販売要員の規模，アセンブリーライン等の有形資源（有形財）と人的資源や構造資産，関係資産等の無形の資源（インタンジブルズ）ないし知的資産が含まれる（Yao & Koga［2017］）。

【競争優位性のポジションと成果】

　競争優位性は，しばしばマーケット・ポジションにおける競争優位性として

示される。このような競争優位性は，生産機能やブランディング，評判やビジネス・モデル，新たなテクノロジーにおけるコスト優位性または差別化によって可能となる。競争優位性のもう１つのポピュラーな指標は収益性である。マーケット・シェアと収益性とは，相互に密接な因果関係をなす（Day & Wensley［1988］）。マーケット・シェアの観点からは，それが拡大するにつれて，市場で自社に有利な差別化戦略をとることによって一層収益率の向上とマーケット・シェアの拡大を図ることができる。しかし，中小企業では，一般に収益性やマーケット・シェアよりも企業の長期持続的存続が競争優位性の指標として重視されることが多い（Yao & Koga［2017］）。

　これらの競争優位性を支える基盤をなすものとして，企業の無形資源ないし知的資産がとくに重要になる。そのための知的資産の把握と活用を行うのが知的資産マネジメントである。このような知的資産マネジメントは，外部環境のもとでの適切な戦略に基礎づけられる。以上，「外部環境―戦略―競争優位性の源泉・資源―ポジション上の優位性―優れた業績」という関係のもとで，企業の競争優位性の理論的フレームワークを描いたのが，図表2―15である（Yao & Koga［2017］）。この図において，競争力の源泉をなすのが知的資産（IC）であり，それをいかに効果的に，かつ効率的に管理・運用するかが知的資産マネジメントである。

(2)　中小企業の競争優位性と知的資産：わが国高成長企業の事例

【高成長中小企業（SME）のプロフィール】

　中小企業が競争優位性を確保するためには，どのような無形資源（知的資産）が，どのように利用されているかを理解するために過年度（第１回ヒアリング調査2008年）において高成長SMEと認定された企業の中から，5社を取り上げ，紹介しよう（第１回ヒアリング調査によるケース分析については，古賀［2014］参照）。その後，これら5社の財務業績について，2016年フォローアップ調査が行われた（詳細は，Yao and Koga［2017］参照）。

　まず，高成長企業A～E5社のプロフィールについて，図表2―16を参照さ

図表 2—15　競争優位性，戦略および IC マネジメントの統合化フレームワーク

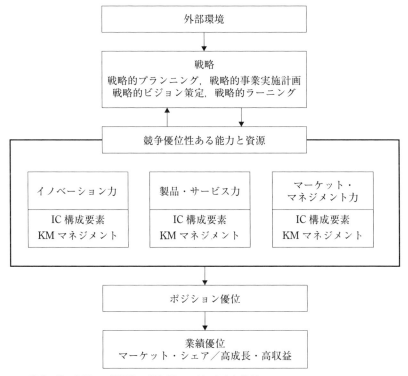

出典：Yao & Koga［2017］p.238, Figure 14・1 より引用。

れたい。5 社の中で 3 社は技術・製造関係の企業であり，1 社は鉄片の卸売業，もう 1 社はキャラクター・グッズの企画・販売業務を行っている。1 社（D 社）を除いて，ほかの 4 社は会社設立後ほぼ 20 数年以内の比較的歴史の浅い会社である。また，第 1 次インタビュー調査年度（2008 年）からフォローアップ調査が行われた年度（2016 年）間の業績推移について，A 社のみは売上高およびマーケット・シェアにおいて依然として高水準の成長を維持しており，B 社と D 社は一定の水準の売上高等の成長を示しているが，その伸び率は従来の水準を示していない。福島県郡山市を拠点とする C 社は，東北大地震（2011 年 3 月）の影響もあり，売上および利益ともに変動が大きく，従業員の数も減少した。E 社はリストラを迫られ，企業規模も減少した。

図表 2—16　調査対象企業の知的資産と知的資産経営

企　　業	ポジション優位性と戦略	潜在能力と資源優位性		
		人的資産	構造資産	関係資産
A　画像処理会社	高付加価値製造の開発による差別化	テクノロジーによる生産能力技術者／開発者及びマーケティングスタッフの能力とスキル	コンピュータベースの生産モデル	製造企業との連携
B　フィルム・シート製造会社	特殊機能製品の生産による差別化	テクノロジーによる生産能力経営者のリーダーシップ；スキルを持った技能工	テクノロジーのパテント	事業関係者との連携
C　石英ガラス製造会社	高品質製品の生産による差別化	テクノロジーによる生産能力技能工の専門技能生産システム；品質管理；技能工育成システム	職能部門別	親会社との親密な関係
D　鉄鋼部品卸売会社	スピードによる差別化売り手と買い手のマッチング	情報力・経営者のリーダーシップ	ユニークな組織構造と文化，需要促進システム	種々のステークホルダーとの関係
E　キャラクターズ製造・販売会社	新規マーケティングによる差別化	マーケティング力経営者・企業担当者のセンスと企画力		事業関係者との連携

出典：Yao and Koga［2017］p.242, Table5.2 より筆者が一部加筆・修正のうえ引用。

　これらの 5 社について，競争優位性の源泉として，大きく次の 3 つのタイプに分けることができる（Yao & Koga［2017］）。

　①　タイプⅠ：技術・開発指向型

　②　タイプⅡ：情報力指向型

　③　タイプⅢ：マーケティング指向型

①　タイプⅠ：技術・開発指向型

　A社，B社ともに従業員20～30名（2008年）ほどの高成長ハイテク企業であるのに対して，C社は従業員100名超（同年）の中規模の高成長製造企業であった。A社は画像処理技術製造，B社はプラスチック樹脂を素材としたシート製品，また，C社は石英ガラス製品といった特定のニッチ市場において高い競争優位性を確保した点では共通している。これら3社の企業の成長要因をなすのは，卓越した技術力とそれを製品化し得る開発力であり，それを支える優れた技術者・開発者であった（以下，2008年インタビュー資料による）。

【A画像処理会社の事例】

　A社の高度成長をもたらした主たる要因ないし知的資産は，独自の優れた技術力・開発力，それを人的側面から支える有能な技術陣，および同業他社との緊密な取引関係である。旧来の画像処理技術に対して，A社は「高い汎用性」と「豊富なアプリケーション・ツール」をもった製品設計をなすのに成功することによって，他者の追随を許さない高度の専門性と独自性をもつことができた。そこでは種々の顧客ニーズに対応した汎用性の高い検査システムを用いるとともに，外観検査，文字検査，半導体検査など現場のニーズから得られた豊富なアプリケーション・ツールを組み合わせることによって，半導体・電子部品から薬品・化粧品に至るまで幅広い分野で利用できるものであった。このようなA社の高度な技術力・開発力をもたらしたのが，同社の優れた人材（技術者・開発者）であった。彼らに対して，同社はボーナスやストックオプション等の金銭的なモチベーションを与えることによって人材の活性化を図るとともに，社内研修等のトレーニングによって人材育成を図っている。

　最後に，同社の高度成長を可能としたもう1つの要因として，同業他社の画像処理システムのリースフード・ライセンスや新製品の販売契約，その他関連サポート業務など，密接な協調関係を築くことができた点も見逃すことはできない。

【Bフィルム・シート製造会社の事例】

　B社はプラスチック・フィルムシートの開発・製造企業である。同社は1992年9月創業以来，包装シート類や書類ファイルなどプラスチック樹脂を素材としたシートの生産において画期的な加工技術を開発し，独自の高い技術力によって高成長を遂げてきた。同社は顧客の要望や注文に対応しつつ改善を加えることによって，同社独自の新技術の開発に成功した。その結果，同社の主要な販売先には何社ものわが国のリーディングな化学・電気等メーカーが含まれるまでになった。

　このように，B社の高成長の基盤をなすのは，他社に真似ができない高度の技術開発力であり，それを人的側面から支える経営者の徹底した顧客ニーズ重視の開発戦略と優れた技術・開発力をもつ技術陣，また，顧客ニーズを迅速に把握できるような良好な顧客・業務関係である。

　「1つはとにかく技術の開発であり，・・・・技術がまず一番であり，それがなければどこも相手にしてくれないということです。それと各顧客に対する細かい対応ですね。基本はその2点だと思います。3番目に業績を大きく広げるための方法として，M重工さんとかN製鋼さんとの提携関係ですね。」（同社経営者ヒアリング記録）

　他者の追随を許さない同社の独自の加工技術とは，「スリーブタッチ方式」の開発であった。これは「スリーブ（金属薄肉パイプ）を成型ロールに圧着して，フィルム・シートを成型する方式」（同社製品案内）である，従来の加工技術では，薄さ0.4ミリまでしか加工できなかった高機能フィルム・シートを，そのわずか10分の1の0.04ミリの薄さの超薄型で透明度の高いフィルム・シートに仕上げることができ，幾重にも重ねることによって，耐久性の優れたシートや，多機能のフィルム・シートの素材として広く活用できるという画期的加工技術であった。

　このような新技術をもたらしたのは，客の声に耳を傾けるという同社の徹底した顧客奉仕型の開発戦略であり，それをリードする経営者のリーダーシップであった。同社の経営は，高い技術を基にした「新しい開発」を経営理念として掲げつつ，その基底には顧客メーカーとの日々の接触を通じてその要望やク

レームに真摯に応えようとする顧客ニーズ対応の開発戦略があった。それとともに，仕入れ先や共同研究開発先等の取引関係先とも地道な信頼関係を築いてきた点も看過されてはならない。

　「他社の関係ですと，できるだけ利益を上げようとして，部品の加工代も高く出そうとするわけですが，それをやったら結局次の仕事が取れないということになりますので，やっぱり協力して，きちんとした原価を，みんなでもってぎりぎりでやっていこうということですよね。うちだけが儲かるというかたちではなくて，やっぱり社員もひっくるめてグループ全体が儲かってもらわなければならない。」
（同社経営者ヒアリング記録）

【C ガラス製品製造会社の事例】

　C 社は半導体・印刷製造の大手企業の子会社として，2001 年 4 月に設立された企業であり，半導体ウェハー洗浄装置の主要部品，石英ガラス槽の製造で，2005 年度に一躍世界トップに躍り出た高成長企業である。同社の高成長をもたらしたのは，石英ガラス製品の品質とコストにある。これを支えるのは，第 1 に熟練工の職人技へのこだわりであり，第 2 に分業体制による生産効率の向上，そして，第 3 に品質評価制度と人材育成である。

　C 社の高成長は，熟練工による職人技と製品の高度な品質保証にあった。半導体ウェハー洗浄装置の主要部品をなす石英ガラス槽は，何十種もの割れやすいガラス部品を百分の一ミリ単位の精度で狂いなく溶接加工しなければならない。また，溶接過程で生じたゆがみを加減しつつ，完成するまでに半月ほどの修正期間を要する。まさに，「職人技」であった。C 社は，もともと同地にあったメーター機器製造部門の閉鎖に伴い，在籍していたガラス職人部隊を引き受けることで暗黙知としての職人技を取得することができた。その品質は C 社の親会社の厳しい検査等を経て，品質保証が強く求められた。

　同社の品質と生産効率の向上に対して，大きな飛躍をもたらしたのは，生産分業システムの導入であった。操業当初，石英の切断，溶接から乾燥まで全工程を一槽ごとに一人の職人が担当する専任体制がとられていた。しかし，この場合には，ガラス割れの原因などが共有されず，加工のひずみを修正するプロ

セスでは空き時間が生ずるなどコストの無駄が生じることになった。これに対処すべく考案されたのが，「分業生産システム」であった。それは具体的には，職人が担当している作業工程の仕事をいくつかの工程に分割して，それぞれ特定の工程のみに専念させることによって習熟度を高めるとともに，一定の期間毎に次の部門へとシフトさせながら人材育成を図ろうとするものであった。結果的には，職人は同じ担当作業を繰り返すことによって熟練度が増し，加工ミスも減少するとともに，各人が同時並行で多数の槽を加工することによって生産性を大きく改善することができた。

　「全員がすぐれた技術者たれ」（同社「会社案内」）というのが，同社の経営理念であり，目指すべき方向である。そこで求められているのは，顧客が望むような高品質製品の提供であり，それを保証できる技量をもった人材能力の開発である。このような人材育成と高品質のモノ作りを支援する管理システムとして，(ⅰ) 品質保証会議，(ⅱ) 不適合結果報告，(ⅲ) 改善提案制度が設けられている。

　以上，図表2—17は，C社の高成長要因と知的資産との関係を要約的に示している。

図表2—17　モノ作り企業C社の知的資産経営

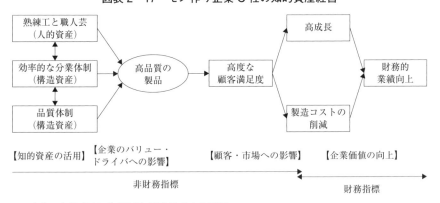

出典：古賀［2014a］370頁，図表20-3より引用。

②　タイプⅡ：情報力指向型

【D 卸売会社の事例】

D 社は，1909 年創業の 100 年の歴史を誇る鉄鋼原料（古鉄・非鉄）の卸売会社である。同社は，操業以来着実に成長を重ね，第 1 次ヒアリング調査を行った直近の 3 年間（2005 年 12 月～ 2007 年 12 月）では，売上高対前年度比それぞれ 104％，114％，149％，また，純利益の対前年度比それぞれ，169％，181％，131％であった。このような同社の高い業績は，経営者の独自の経営理念と強力なリーダーシップに支えられ，顧客ニーズに迅速かつ細やかに対応する情報力と「即納体制」にあった（以下，2008 年ヒアリング記録による）。

D 社の経営哲学は，「自分の言葉で考え，行動し，開拓する」ことによって他者にはない独自の存在価値をもった会社作りを目指そうとするものであり，従来の固定観念や常識にとらわれない発想豊かな「考働力」こそが「専業・技術力商社」としての同社の発展の原動力をなすものである。その共通の基盤となるものが「情報力」であり，情報力こそが情報商社としての D 社のエネルギーの源泉をなす（同社マニュアル）。

このような D 社の営業姿勢は，例えばネット（正味）利益よりもグロス（総）取扱量指向の「足運び」「顔の見える」訪問販売という一見非効率に見えるかもしれないが，それによって情報収集力を高め，新たなビジネス・チャンスを創出することができる。これが D 社の「非効率の効率」営業であり，それによって大手他社との競争優位性を確保することができる。

同社はまた，時間価値を意識した即行動を重視している。

　　　「即行動とはクイック・レスポンス（即答・即納・即実行）である。まさに"TIME IS MANEY"。時間・日数を無為に失なうのは経費ロス，得べかりし機会利益の喪失につながる。計算式のとおり，他社が 3 日かける仕事を，即行動・総合機動力で 1 日でこなす。利益率は半分でも人員・時間当たりのコスト・パフォーマンスは他社を上回る。」（同社経営者ヒアリング記録）

D 社の営業力のもう 1 つの特徴は，提案営業の推進である。これは単に顧客に積極的に提案するといった域を超えて，顧客が D 社との取引によってどのようなメリットを得るかを説得し，納得させるようなソフト・サービスを操

業するなど企画・総合力を重視したビジネスをいう。

　このようなD社の独自性ある「経営理念―情報力と営業力」によって発揮された営業実績は，厳格な業績評価と組織管理体制のもとで評価され，ユニークな報酬システムによって従業員に還元されるとともに，社内日報システムを通じて新たなビジネス・チャンスのための情報が従業員に還元され，社内日報システムを通じて新たなビジネス・チャンスのための情報が従業員から提供される。

　以上，上記の議論を要約して示したのが，図表2―18である。

図表2―18　流通卸売企業D社の知的資産経営

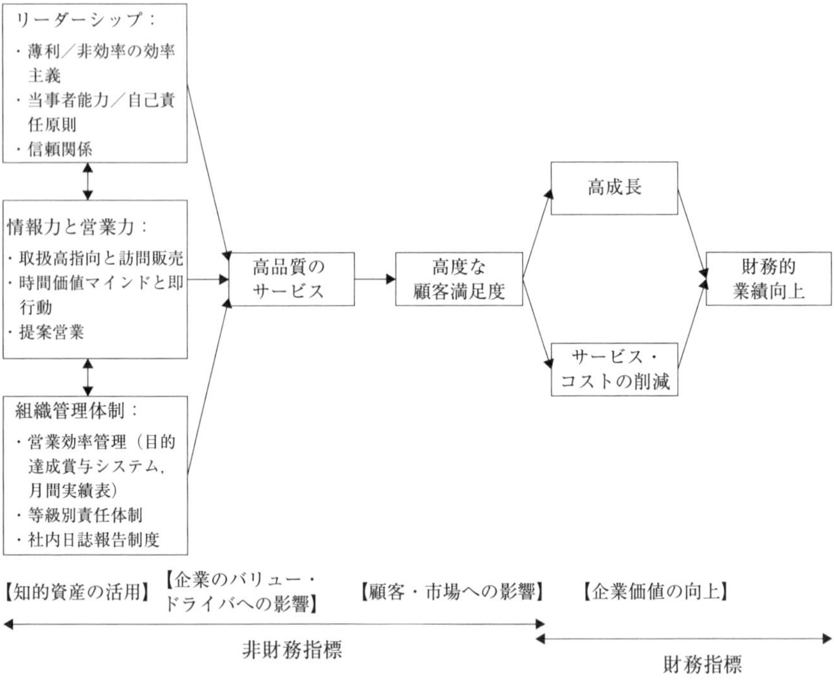

出典：古賀［2014a］373頁,図表20-5より引用。

③ タイプⅢ：マーケティング指向型企業

【Eキャラクター商品企画・販売会社の事例】

E社は，1999年設立のキャラクター関連商品の企画・開発・卸売を手掛ける会社である。同社は，従業員30名弱（2008年当時）の中小規模ながら，直近3年間（2006年2月〜2008年2月）の対前年度売上伸び率は，それぞれ180％，313％，184％という驚異的な伸び率を示している。同社の高成長をもたらした主な要因は，次の3つである（2008年同社ヒアリング記録）。

▶身近なキャラクターを商品化した経営者のすぐれた着想力と企画担当者の経験・教育企画力

▶地域限定の販売戦略と得意先との関係重視

▶仕入先S社との緊密なサプライ連携体制

E社の第1の成長要因は，経営者の斬新な着想・企画力であった。同社は，設立当初3年間ほどキャラクター商品を取り扱う大手企業のグループ会社と契約して，子供向け玩具・雑貨商品を企画・制作を進めてきた。しかし，これらのキャラクター・グッズの販売期間は，次の新しいデザイン企画が出されるまでの半年余りであり，最終的には店頭での割引販売をなし，多量の在庫を抱えることが繰り返されてきた。このようなビジネスの転換をもたらす契機となったのは，新たな人材の加入によって沖縄や北海道その他各地域の土産物市場向けの「観光物産ルート」の地域限定グッズの企画・販売であった。その後，同社が取り扱ったキャラクター商品のヒットもあり，同社は大きな躍進を遂げることになった。

同社の第2の成功要因は，地域の観光問屋・小売店との協調関係を重視してきた点である。例えば，販売流通の開拓にあたっては，売上が最も高い問屋を避けて売上二番手の問屋を選ぶなど，キャラクター・グッズが競合することによって，双方の問屋先で商品の競合による売上低下が生じないように得意先との関係に配慮した。また，各地域の得意先土産店の営業保護の観点から，インターネット販売を行わないことにした。

さらに，第3の成長要因として，小ロット生産と仕入先との緊密な供給体制の構築がある。同社の仕入れ先S社は，同社の人気キャラクター・グッズの

オリジナル商標権保有者であり，同社のその後の商品展開を容易にするとともに，生産パートナーとして同社と強い協力関係にあった。また，同社キャラクター商品のストックレス（在庫を抑えた）小ロット生産も，このような仕入先との強いパートナーシップによって可能となったのである。

　以上，第1の斬新な着想・企画力は「人的資産」であり，第2の得意先との関係，そして第3の仕入先との関係は「関係資産」をなす。

《知的資産マネジメントと SME の持続的競争優位性の促進》

　これらの事例から明らかなように，中小企業（SME）が競争優位性をもつためには，その源泉として人的資産（経営者の能力，従業員のノウハウ・経験），構造資産（情報テクノロジー，手続・システム等），および関係資産（顧客関係，ブランド・イメージ，顧客ロイヤリティや満足度，レピュテーション等）の3つの知的資源の組み合わせをもつ。これらの資源が競争優位性を確保するためには，何らかの価値を有し，稀少的で模倣困難かつ代用できないものでなければならない（Barney［1991］；Yao & Koga［2017］）。

　SME の知的資源を模倣困難なものとし，さらなるイノベーションを通じて更新するためには，それをいかに保護し，活用し，発展させる知的資産マネジメントないしナレッジ・マネジメントが必要になる。特許権や商標権の法的保護は，SME にとって最も重要な知的財産権の保護をなす。SME は，しばしば上述の B 製造会社のように，大企業によって技術がコピーされることがあり，特許権の法的保護がとくに重要になる。また，A 画像処理会社のように，他者が真似ることができない画像処理技術を開発したり，D 卸売会社のように利益率の低い取引先であっても「非効率の効率性」を目指す企業など，大手企業には容易に真似できない技術や営業ノウハウによる成功例である。

第**4**節
知的資産の戦略的利用と金融機関の融資決定

(1)　金融機関の融資決定の仕組みと構成要素

　金融機関が企業に融資を行うかどうか，また，どのような条件（金額・金利・機関）で行うかを決定しようとする場合，まず，融資に伴うリスク評価が行われる。したがって，金融機関の融資決定プロセスは，融資先企業の信用評価プロセスでもある。この場合，融資プロセスは，大きく評価の実施，利用および審査（レビュー）の3つの側面から描くことができる（Treacy & Carey [1998] pp.910-913；古賀［2014a］152-154頁）。これらの3つの側面の具体的内容は，次の通りである。

①　評価の実施プロセスでは，融資担当者が評価にあたって考慮すべき要素を明確化し，評価規準・方法の選定とウェイトづけを行う。まず，評価における考慮要素には，財務分析や業界分析，財務データの信頼性，外部評価，分析手法／モデル，企業規模／価値および経営者等が含まれる。また，評価規準には，文書的／フォーマル要素と主観的／インフォーマル要素（文化的）要素，および評価者自身の経験と判断が含まれる。融資担当7社は，これらの諸要素を考慮しつつ所定の評価規準に基づいてローン承認プロセスでの予備的評価を提案する。

②　評価の利用の側面では，融資に伴う「計量的損失属性」に対応して適用すべき最適な評価規準や方法を選択するのに役立つとともに，そこで得られた損失経験は適用した評価規準・方法の有効性を判定するのに役立つ。ここで計量的損失属性とは，特定の与信案件のもとでデフォルト発生時の損失額（デフォルト損失）やデフォルトの確率，また，デフォルト損失に

デフォルト確率を乗じた期待損失や損失経験の分布が含まれる。

③　上記の2つの側面を結びつけ，評価の正確性と首尾一貫性を促進するためのプロセスが評価の「統制と正当化プロセス」である。評価結果の文書化（ドキュメンテーション）と承認，ローン決定を正当づけるローン審査（レビュー）プロセス等が含まれる。

以上の融資決定の仕組みを図示したのが，図表2—19である。

図表2—19　融資決定の仕組み

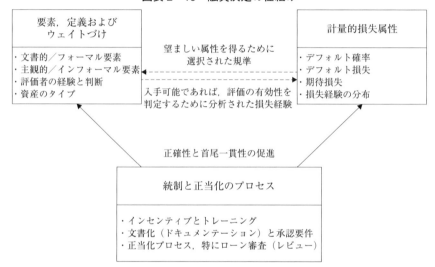

出典：Treacy & Carey［1998］p.913, Diagram 2 より引用。

(2)　信用リスク分析の2側面：「デフォルト確率」と「デフォルト損失」

融資決定において評価すべき属性として，「デフォルト損失」と「デフォルト確率」がある（古賀［2014a］）。デフォルト損失はデフォルト発生時の損失を有形・無形の担保資産価値によって相殺することによって，損失額の回避・軽減しようとする。このような担保資産として，従来のモノ作り経済では土地・建物等の有形物的資産や有価証券等の金融資産が支配的であった。しかし，その後のナレッジ経済では特許権や商標権といった無形の知的財産権が21世紀

初頭から利用されるようになった。担保資産が有形資産か無形資産かの違いが
あるにしても，いずれもデフォルト損失の発生額そのものを削減することを重
視する点では共通性が見られる。

　それに対して，融資先企業の将来キャッシュ・フローの創出能力に注目して
評価しようとするのが，「デフォルト確率」である。このようなデフォルト確
率に影響するキャッシュ・フローの源泉として，近年，とくに企業の有する優
れた技術力や研究開発力，ノウハウ，ネットワーク等の「見えざる資産」が注
目されるようになった。ナレッジ型経済が拡充し発展するとともに，金融機関
のビジネス・モデルも「資産担保重視型」から顧客との関係を重視した「リ
レーションシップバンキング型」へ大きく重点シフトするようになった。それ
とともに，融資のあり方も担保資産の清算価値という時点的評価を重視した融
資モデルがますます注目されるようになった。このような旧来型の資産担保重
視のストック指向型から，企業の継続的キャッシュ・フローの創出能力を重視
したフロー指向型への移行の中で登場するようになったのが，「事業性評価融
資」である。この特徴は，端的に「ナレッジ（知識創造）型経済―リレーショ
ンシップ・地域密着型金融―企業の持続的キャッシュ・フローの創出能力の評
価」という一連の図式で表される。その中核をなすのが経営力や技術力，研究
開発力，ネットワークといった無形価値ないし知的資産である。

　以上のリスク分析の枠組みを要約して示したのが，図表2―20である。

（3）　資産の認識可能性の連続体モデル

　それでは，いかにして知的資産といった見えざる資産を金融機関の信用評価
モデルに組み入れていけばよいだろうか。知的資産をも含めた信用評価分析の
概念的枠組みを示す1つの試みとして，欧州ワイドの知的資産研究 PRISM プ
ロジェクトがある（古賀［2004］；古賀［2014a]）。図表2―21に示されるよう
に，そこでは優れた企業業績を決定するキー・バリュードライバー（最重要な
価値創造を促進するもの）として，大きく「有形財産」，「無形財産」，「無形コ
ンピテンス」，および「潜在能力」の4つの資産グループに区分し，無形資源

図表2―20　知的資産と信用リスク分析の枠組み

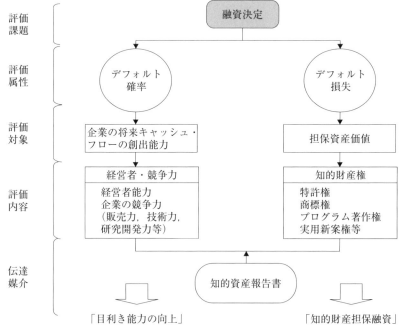

出典：古賀［2014a］155頁，図表9-3より引用。

を信用評価のための価値ドライバー（促進剤）として明確に意識し，金融機関の融資評価要素として活用しようとする点に留意されたい。

　この図から，次のような点が理解できる（古賀［2004］22-23頁）。

①　これら4つの資産は，実在的・具体的な競争優位性の源泉から，概念的・抽象的なものへ，貨幣表示が容易なものから困難なものへ，また，所有権が明確なものから曖昧なものへと連続体をなす。

②　左サイドの「有形財産」（土地・建物・機械等）と「無形資産」（特許権・ライセンス等）は有形か無形かの差異はあるが，ともに法的に保護された「現在資産」をなすのに対して，右サイドの「無形コンピテンス」（マニュアル・手続き・ネットワーク等）や「潜在能力」（知識・ノウハウ・名声・従業員の能力等）は，将来の競争優位性の源泉となるべく待機している「未来資産」として特徴づけられる。

図表2—21　知的資産の認識可能性の連続体モデル

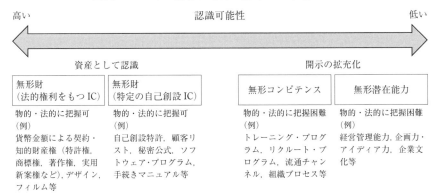

出典：Young［2003］Exhibit 2, p.14；古賀［2014a］89頁，図表5-3を参考に連続帯形式に筆者が
　　　加筆・修正のうえ作成。

③　左サイドの2つの「現在資産」は分離可能で貨幣金額で測定可能であるので，デフォルト発生時の損失緩和剤としての担保資産となるのに対して，右サイドの2つの「未来資産」は概して分離して貨幣金額で測定することは困難であるが，競争優位性の源泉としてデフォルト確率に影響するキャッシュ・フローを生み出すことができる。

④　これらの両サイドのハードとソフト資源の中央に位置し，それぞれの資源を効率的に組織化し運用することによって組織体全体としての経済的価値の創出をもたらすのがリーダーシップであり，いわば「価値創出ミキサー」の役割をもつ。

　以上，これまであまり注目されてこなかった無形コンピテンスや潜在能力といった見えざる資産を企業の競争優位性の源泉としてキャッシュ・フロー・ドライバーとして融資決定で積極的に活用しようとするのが，事業性評価による融資モデルである。そこでは，融資決定においてどのような知的資産ないし非財務情報が用いられるかが大きな関心である。

（4）　金融機関の融資決定と非財務項目

①　融資決定に有用な非財務項目の体系化

　それでは，いかにして融資決定に有用な非財務項目を達成し，体系づけることができるであろうか。上述のように，融資決定の評価属性がデフォルト確率にあり，評価対象が融資先企業の将来キャッシュ・フローの創出能力にあるとすれば，企業の主要な価値ドライバー（キャッシュ・フローの創出する推進力となるもの）について，それぞれがどのようにキャッシュ・フローとの関連性をもつか，そのキャッシュ・フロー創出との関係を予測した体系的な評価リストを作成することから出発しなければならない（古賀［2014a］159 頁）。

　まず，図表 2―22 を参照されたい。これはモーク等（Morck et al.［2003］）のキャッシュ・フローの評価リストの中から，とくに，「市場・融資」，「経営

図表 2―22　キャッシュ・フローの評価表

価値ドライバー	評価事項	基準・指標（例示）	将来キャッシュ・フローの影響・リスク	評　価
市場・顧客	市場	マーケット・シェア，市場の将来性等	将来キャッシュ・フローの影響と潜在的リスクの記述	1 ～ 5 評価
	顧客・販売チャンネル	顧客数の変動，顧客満足度等	以下，同上	同上
経営者・従業員	経営者資質	リーダーシップ，経営ビジョン，経営計画等		
	従業員	従業員数の変動，従業員の満足度，人材育成計画等		
業務執行体制（プロセス）	研究・開発	研究開発投資額，生産要員の変動生産要員の満足度		
	生産	生産設備投資，生産要因の変動，生産要因の満足度等		
	販売	営業要因の変動，営業要員の満足度等		
製品・サービス	製品・サービス	主力製品・サービスの品質・市場競争力等		

　出典：古賀［2014a］160 頁より引用。

者・人材」,「業務執行体制（プロセス）」, および「製品・サービス」の 4 つを選定し, 体系化したものである。

　これら 4 つの価値ドライバー群は, 企業を「組織―管理」というペアの視点と,「対外的側面―対内的側面」というペアの視点から位置づけ, 体系づけようとしたものである。つまり「組織（ヒト）―対外的側面」の組み合わせとして「市場・顧客」が問題になり,「組織―対内的側面」の組み合わせとして「経営者・従業員」が問題になる。また,「管理―対内的側面」として生産管理や販売管理といった「業務執行体制」が重要になり,「管理―対外的側面」では「製品・サービス」が重要になる。以上の議論を図示したのが, 図表 2―23 である。

図表 2―23　将来キャッシュ・フローの創出と価値ドライバー

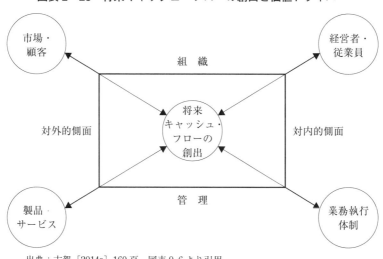

出典：古賀［2014a］160 頁, 図表 9-6 より引用。

②　融資決定に有用な非財務項目の分析：金融機関の融資に関する実態調査

　金融機関の融資プロセスにおいて, どのような非財務項目が, どのように活用されているかを明らかにするために, 都銀, 地銀, 信用金庫を含む全国 575 の金融機関を対象として, アンケート調査を行い, 439 金融機関（有効回答率

76.3％）の回答があった。これらの調査結果に基づき，独立行政法人・中小企業基盤整備機構は，2008（平成20）年10月に報告書『中小企業のための知的資産経営実践の指針─知的資産経営ファイナンス調査・研究編』を公表した。本調査結果は現在でも，金融機関の融資判断に関して重要なデータを提供している。

　以下では，とくに次の3つの側面から調査データを取り上げ，紹介することにしたい。

▶金融機関はどの程度，また，どのような融資ステージにおいて非財務項目を活用しているか（「活用状況について」）。

▶融資決定を行う場合，どのような非財務項目が有用であるか（「有用な非財務項目について」）。

▶非財務項目を活用する場合，どのようにして人材教育・訓練を行っているか，また，どのような問題や課題があるか（「人材育成・課題について」）。

(5)　融資決定における非財務項目の活用実態

【融資判断における財務情報と非財務情報の活用比率】

　融資判断における財務情報と非財務情報の活用比率について，平均して72.1対27.9，ほぼ7対3の比率であった。非財務項目の比率が概ね20％であれば，財務情報の補完的役割が強いのに対して，概ね40％であれば，目利き能力を重視した地域密着型や事業性評価に対応した非財務情報の役割に近くなる（同報告書，36頁）。また，図表2─24は，非財務情報の活用比率区分について金

図表2─24　非財務情報活用比率別金融機関構成比

非財務情報活用比率	N	構成比	累積
0-10％未満	0	0％	0％
10％以上〜20％未満	51	14％	14％
20％以上〜30％未満	110	31％	46％
30％以上〜40％未満	127	36％	82％
40％以上〜50％未満	29	8％	90％
50％以上	35	10％	100％

出典：中小企業整備機構［2008］48頁より引用。

融機関の構成比を示している。そこでは，20％以上30％未満が110行（31％）であり，30％以上40％未満が127行（36％）であった。非財務情報の活用比率が50％以上の金融機関が35行（10％）にのぼる（同報告書，49頁）。

【融資フローと非財務情報の活用】

　次に，融資決定が行われる一連のプロセス，つまり，融資フローのどの局面（ステージ）において非財務情報は主に活用されているであろうか。一般に融資フローは，大きく「融資申請→格付自己査定→取引方針管理→案件対応→融資決定」のプロセスを経て行われる（本報告書35頁，「融資フロー例」），図表2―25に示されるように，これらのいずれのステージにおいても過半数の金融機関が「強く」または「中位に」非財務情報を利用していることが示される（同報告書，35頁）。とくに格付自己査定時では，強く利用される割合20.0％であり，取引方針管理時15.7％や案件対価時14.6％より大きく上回っている点に注目されたい。これは第1ステップの格付自己査定時では，公表財務諸表や格付スコアリングモデルを参照することによって，「デフォルト確率」についての自己査定がまず行われる。これを受けて，その後に経営者や企業特性等の非財務情報を加味・補完することによって，融資担当者は当初のデフォルト確率

図表 2―25　融資ステージ別の非財務情報の活用状況

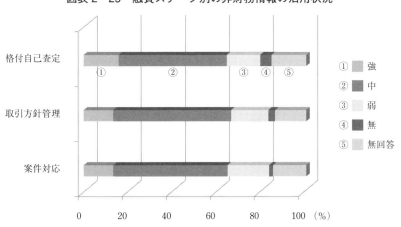

出典：中小企業整備機構［2008］35頁より一部加筆修正のうえ引用。

の「仮説」を修正するので，第1ステップの格付自己査定のステージでは非財務情報により強く依存することになる（古賀・奥三野［2009］130頁）。

【融資条件の決定に対する非財務情報の影響】

　融資にあたっての条件（変数）として，利率，融資額，融資期間，および担保金額がある。この中で，とくに「利率」（52.2%）と「融資額」（55.1%）については過半数の金融機関が影響をもつとしているのに対して，「融資期間」（29.6%）と「担保金額」（37.4%）については金融機関の割合は30%前後に下がっている。融資条件の中でも利率，融資額は融資時での実質的な変数を表す点で，非財務情報のもつ意義がみられる（同報告書，36頁，図表2—26参照）。

図表2—26　融資条件の決定に対する非財務情報の影響

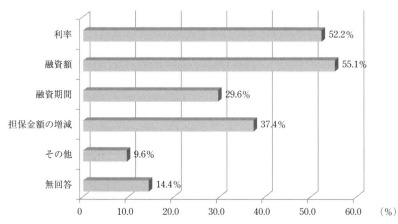

出典：中小企業整備機構［2008］36頁より引用。

(6)　融資決定に有用な非財務情報の内容と特徴

【有用性の高い非財務情報—全般】

　図表2—27は，非財務項目54項目の中から所定の基準値（利益成長率3.57）を上回る上位21項目を抽出し，各項目の平均値が高い順に列記したものであ

図表 2—27　融資判断時の非財務情報上位 21 項目

No.	項目名	平均	No.	項目名	平均
1	資金調達余力	4.01	12	製品・商品・サービスの採算性	3.81
2	経営者の個人資産	3.99	13	景気の動向・景気感心度	3.80
3	他行との取引状況	3.96	14	人格	3.78
4	後継者の有無	3.95	15	競合他社の状況	3.73
5	経営計画	3.95	16	製品・商品・サービスの優位性・ブランド	3.68
6	経営者管理能力	3.93			
7	関係会社	3.88	17	親会社の支持体制	3.66
8	主力金融機関の有無	3.86	18	コンプライアンス体制	3.64
9	事業内容の変遷	3.85	19	得意先とその状況	3.63
10	技術の優位性	3.85	20	健康状態	3.61
11	主力事業の優位性	3.84	21	法的リスクへの対応	3.60

出典：中小企業整備機構［2008］29 頁より，筆者が一部修正のうえ引用。

る。

　これらの項目については，融資時においても財務情報と同程度もしくはそれ以上に重視されていることがわかる（同報告書，27 頁）。これらの非財務情報は，先の有用な非財務項目の体系化の枠組みに照らして，次のように整理することができる。

　［Ⅰ群］　市場・顧客：広く「関係資産」として分類され，市場・販売チャンネルを含む他行との取引状況，関係会社，主力金融機関の有無，景気の動向・景気感応度，競合他社の状況，親会社の支援体制，得意先とその状況。

　［Ⅱ群］　経営者・従業員：広く「人的資産」として分類され，経営者資質・従業員能力を含むもの（経営者の個人資産，後継者の有無，経営計画，経営管理能力，人格，健康状態）。

　［Ⅲ群］　業務執行体制（プロセス）：広く「構造資産」として研究・開発，生産，販売等を含む（資金調達能力，事業内容の変遷，技術の優位性，主力事業の優位性，コンプライアンス体制，法的リスクへの対応）。

　［Ⅳ群］　製品・サービス：市場・顧客に関する「関係資産」としての特徴と生産プロセスとしての特徴を有すること（製品・商品・サービスの採算性，製品・商品・サービスの優位性・ブランド）。

　より端的に知的資産の３区分の観点から，融資判断時で利用される非財務項目を示したのが図表２―28である。そこでは人的資産，関係資産および構造資産の区分毎に平均値をとり，それを上回る項目を上位から列記したものである。その結果，平均点が関係資産（3.51）および人的資産（3.50）に対して，構造資産（3.40）の平均点が低くなっている（同報告書, 46頁）。

図表２―28　知的資産融資判断平均点一覧

	融資判断平均		融資判断平均
人的資産（経営者）	**3.50**	**構造資産**	**3.40**
経営管理能力	3.93	後継者の有無	3.91
人格	3.78	事業内容の変遷	3.85
健康状態	3.61	技術の優位性	3.85
リーダーシップ	3.49	主力事業の優位性	3.84
人的資産（従業員）	**3.10**	製品・商品・サービスの採算性	3.81
資格・技術保有者	3.24	製品・商品・サービスの優位性・ブランド	3.68
ノウハウ	3.23	コンプライアンス体制	3.64
従業員数	3.13	法的リスクへの対応	3.60
関係資産	**3.51**	業界内シェア・ポジション	3.53
他行との取引状況	3.96	経理理念	3.45
関係会社	3.88	知的財産（権）	3.44
主力金融機関の有無	3.86	ビジネスモデル	3.43
親会社の支持体制	3.66		
得意先とその状況	3.63		

出典：中小企業整備機構［2008］47頁より抽出。

　本調査の結果，「人的資産―経営者」においては，「経営管理能力」（3.93），「人格」（3.78），および「健康状態」（3.88），「主力金融機関の有無」（3.86），「親会社の支援体制」（3.66）や「得意先とその状況」（3.63）が上位を占める。また，「構造資産」としては，「後継者の有無」（3.91），「事業内容の変遷」（3.85），「技術の優位性」（3.85），「主力事業の優位性」（3.84），「製品・商品・サービスの採算性」（3.81），「製品・商品・サービスの優位性・ブランド」（3.68），「コンプライアンス体制」（3.64）および「法的リスクへの対応」（3.60）が上位８項目をなす（同報告書, 46頁）。

【融資条件に影響する非財務情報】

　次に，どのような知的資産項目（非財務情報）が融資判断時での利率や融資額，融資期間などの融資変数に影響するか，調査が行われた。その結果，まず，利率に関して影響するものとして，一覧表示したのが図表2—29である。これは，非財務情報が利率に影響を与えると回答した金融機関の利用度と，影響を与えないと回答した利用度との差異を上位から8項目掲記したものである。

図表2—29　利率の変更に影響を与える非財務情報

項　目　名	影響あり (N=223)	影響なし (N=203)	
	平均	平均	差
52.　経営計画	4.03	3.86	0.16
33.　製品・商品・サービスの優位性・ブランド	3.74	3.62	0.12
23.　健康状態	3.67	3.55	0.12
16.　リーダーシップ	3.54	3.43	0.11
50.　資格・技術保有者	3.29	3.19	0.10
34.　製品・商品・サービスの採算性	3.86	3.75	0.10
15.　企画力・アイディア力	3.41	3.31	0.10
54.　ビジネス・モデル	3.47	3.37	0.10

　　出典：中小企業整備機構［2008］54頁より抽出。

　その結果，52.2％の金融機関が利率に影響すると回答している。利率に影響を与える知的資産項目として，「経営計画」（4.03）や「（経営者の）健康状態」（3.67），「リーダーシップ」（3.54）などの「人的資産—経営者」，「製品・商品・サービスの優位性・ブランド」（3.74）および「製品・商品・サービスの採算性」（3.86）などの「構造資産—市場・顧客」関連がとくに重視されている。

　さらに，融資額に影響する知的資産項目に関しても，同様な調査が行われた。そこでは，「得意先とその状況」（3.74）や「得意先との関係」（3.51）など関係資産，および「営業機密の漏洩リスクへの対応」（3.44），「主力次長の優位性」（3.94），「コンプライアンス体制」（3.73）など構造資産などにおいて，影響ありとなしとの差がより大であるのが示されている（同報告書，56頁）。得意先とその状況・関係や主力事業の優位性など知的資産が担保額に影響するの

は，これらの項目は融資先企業の短中期の販売力を直接に反映するので，販売力の高い会社はより高い融資額が可能になるであろう。

　また，融資期間の変更に影響を及ぼすか否かの調査では，29.6％の金融機関は非財務情報が融資期間に影響するとの回答であった。とくに 0.2 点以上の差がある上位 11 項目では，「法的リスクへの対応」，「コンプライアンス体制」，「業界内のシェア・ポジション」，「企業ブランド」などの「構造資産」に分類される項目，および「親会社の支援体制」，「得意先との関係」，「主力金融機関の有無」などの「関係資産」に分類される項目が重視されていることがわかる（同報告書, 57 頁）。

　最後に，非財務情報がどの程度担保金額に影響するかについて，37.4％の金融機関が担保金額の増減に影響するとの回答であった。とくに「影響あり」と「影響なし」との差が 0.15 点以上ある上位 10 項目では，「親会社の支援体制」，「得意先との関係」，「得意先とその状況」，および「仕入れ先との関係」といった「関係資産」に分類される項目が重視されることが判明した（同報告書, 59 頁）。

(7)　非財務情報の活用に対する社内教育の現状と課題

　このように，融資審査における非財務情報の重要性が高まるとともに，金融機関側での教育・訓練体制はどうであろうか。本調査の結果，関連する 3 つの部門，渉外，融資，および審査の各部門において，40％を超える金融機関において内部・外部のセミナーを活用していることが判明した。しかも 30％近くの金融機関では，これらの 3 部門において外部教育機関を活用して，担当者の教育やスキルアップが図られるなど，非財務情報の収集，活用にかなりの関心を寄せている（同報告書, 38 頁）。

　非財務情報全般に対する今後の課題として，「情報の信頼性」が重視されると指摘した金融機関の割合が最も高く（「かなり重視している」8.2％，「重視している」59.2％），かつ，「情報の一貫性」，また，「情報の比較可能性」も情報の信頼性よりは劣るが，過半数を上回る金融機関が重視している（同報告

書, 41 頁)。

　なお, 非財務情報を活用した中小企業融資における課題として, 次のような問題が示される (同報告書, 43 頁)。

　▶渉外担当のヒアリングスキル (60.1%)

　▶技術情報や知的財産 (権) など専門情報に対する評価スキル (59.7%)

　▶行内データベースの未整備 (41.2%)

　▶企業評価体制の未整備 (35.3%)

　▶融資先の開示姿勢 (27.6%) (以上, 上位 5 項目のみ)

　以上, 金融機関にとって非財務情報の質を評価する「目利き力」と, それを支援する組織の支援体制が急務となっている。

第5節

知的資産経営と知的資産経営報告書
―ドイツ知的資産報告書に学ぶ―

(1) ドイツ型モデル生成の背景

　知的資産経営の特徴は，企業にとって競争優位性をもつナレッジ（知的資産）を把握し，それを評価・伝達することである。その場合，利害関係者へのコミュニケーション・ツールをなすのが知的資産報告書であり，その先駆的モデルの1つをなすのがドイツ知的資産報告書モデルである。

　ドイツ型モデルは，スカンディア・モデルとオーストリア・モデルの知見と経験を参考に，2003年夏に発足した知的資産報告書プロジェクトの成果によるものである（以下の議論の詳細は，Edvinsson & Kivikas［2007］pp.377-378；古賀［2014b］参照）。その意図するところは，ドイツの中小企業（SME）における「見えざるナレッジ資産」を活用するための体系的マネジメント・アプローチを探求しようとするものであり，ドイツ連邦経済・労働省（German Federal Ministry of Economics and Labor : Bundesministerium für Wirtschaft und Arbeit : BMWA）の支援のもとで，パイロット企業を対象としたプロジェクトの結晶である。2006年末には，約80〜100社の種々の規模・業種の企業がモデル企業として参加し，知的資産報告書の指針作りに協力した（*Ibid.*, p.377）。

　このようなプロジェクト発足の背景となったのは，ドイツにおける経済的・政策的要因によるものであった。当時，生産コスト高が支配的であったドイツの経済状況のもとで雇用の確保と経済の活性化がドイツ政府の喫緊の課題であった。仕事を創出し，雇用を守る方策が「知識貸借対照表（"Wissensbilanz"）」プロジェクトであり，その主たるターゲットはSMEに向けられた。このようなSMEに存在する眠れる無形価値，つまり知的資産を活用し，それ

によってグローバル経済の熾烈な競争に対応すべく，競争優位性を高めること
がドイツ経済にとっても，また，ドイツ政府にとっても切実な政策課題となっ
た。それがドイツにおけるシステマティックなナレッジ・マネジメントと知的
資産レポーティングの促進を推進させることになった。

(2)　ドイツ知的資産報告書モデルのアプローチとフレームワーク

　ドイツ知的資産報告書（Intellectual Capital Statement : ICS と略す）モデルは，
SME を主たる対象として企業の価値創造をコアに配し，「戦略―事業プロセス
―成果」の一連のプロセスに焦点を置くプロセス・アプローチに立つ。これら
の知的資産は，人的，構造並びに関係資産という共通言語を用いて，企業の戦
略的目標に必要なアクション・ポイントのビジュアル化を図ろうとするもので
ある（Edvinsson & Kivikas［2007］p.379）。このような戦略的目標は企業の競争
力促進や持続的収益力等の内部管理目的のみならず，外部報告目的にも役立
つ。
　まず，図表 2―30 を参照されたい。これは，ドイツ ICS モデルの全体像
（フレームワーク）を示すものである。この図から明らかなように，ドイツ・

図表 2―30　ドイツ知的資産報告書モデルのフレームワーク

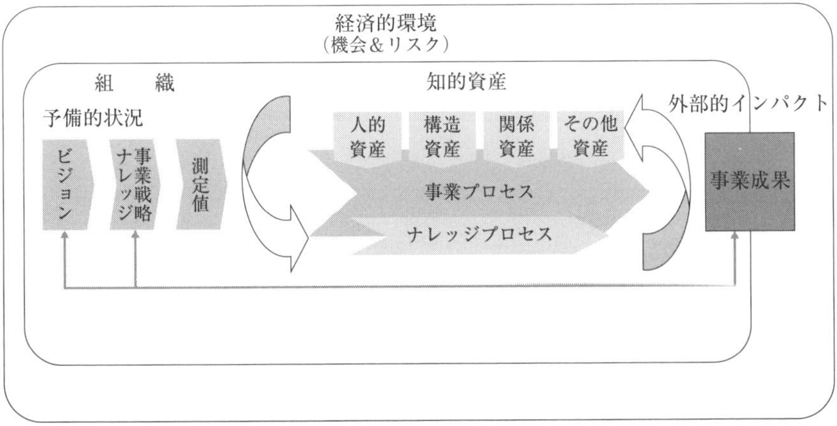

出典：BMWA, Guideline［2004］p.22 より引用。

アプローチは，主に事業体の知的資産マネジメントの体系的プロセスの改善のためのマネジメント・ツールとして利用される（Edvinsson & Kivikas［2007］p.380）。このフレームワークのコアをなすのは，無形資源（インタンジブルズ）のプロセス・フローを明示化するアプローチであり，これらの無形資源ファクターが相互に関連し合いつつ，最終的には企業全体の無形価値に帰結する点に留意されたい。これは企業の将来的利益の獲得能力に向けてコスト・ベネフィットの視点から経営者が企業活動の優先順位を付するのに役立つとともに，外部ステークホルダーに対する伝達ツールとして役立つ。

(3) ドイツ知的資産報告書の作成ステップ

ドイツ ICS の作成プロセスは，図表2—31 に示されるように，大きく6つのステップと4つのマイルストーン（到達目標）から成る（BMWA, Guideline ［2004］p.16 ; Källstrand & Sandh［2006］）。

まず，マイルストーンＩは，内部管理のための知的資産の把握・分析・評価を主たる目標とし，予備的分析，知的資産の査定（assessment）と評価を内容

図表2—31　知的資産報告書の作成プロセス

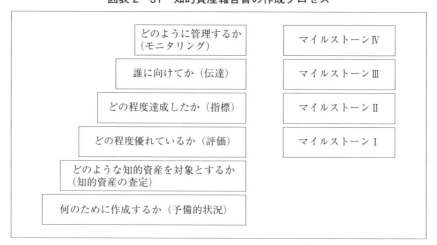

出典：Federal Ministry of Economics and Labour（BMWA）［2004］p.16, Fig.2 より引用。

とする。これは最も単純化した ICS をなす。マイルストーンⅡは，指標の設定と査定によって自己評価を裏付けようとするものであり，これらの指標が外部コミュニケーションの基礎をなす。マイルストーンⅢでは，特定のターゲット・グループに向けての報告書が作成され，情報が体系的かつ説得力ある方法で提示される。また，マイルストーンⅣでは ICS が完結し，マネジメント・ツールとしても適用される。

　ドイツ ICS モデルの 6 つのステップについて，その概要等を一覧表示したのが，図表 2—32 である。以下，それぞれについて説明を加えたい。

【6 つの作成ステップ】

▶「ステップ 1（予備的状況の記述）」：ICS プロセスの第 1 ステップは，戦略的目標を意識しつつ，企業の現状を評価し，文書化することである。リスク／機会について，ICS 担当者全員とワークショップで討議され，企業のビジョンや戦略と関連づけて分析される。図表 2—32 には，リスク／機会を把握するための主な質問事項が例示されている。このステップにはまた，戦略的目標が含まれる。そこでは戦略サイクルが用いられ，「事業戦略—ナレッジ戦略—測定値—知的資産報告書」が一連のサイクルとなって進化・精錬化されることになる（図表 2—33 参照）。

▶「ステップ 2（知的資産の査定）」：ステップ 2 の査定の対象となる知的資産は，人的資産，構造資産および関係資産の 3 つに区分される。ブレイン・ストーミングのセッションを通じて，プロジェクト・チームメンバーは，どのようにして適切な従業員を見出し，採用し，維持しているか，どのようにして従業員の能力や技術を体系的に強化し，促進しているか等の質問と回答を討議する。このようなブレイン・ストーミングのセッションを設けることによって，抽象的な用語や定義が当該企業のニーズに即して適合化され，また，全般的統合化とレビューを通じて，ダブリや矛盾などを取り除くのに役立つ（Bornemann & Alwert ［2007］p.566）。このプロセスのアウトプットが企業特定の知的資産ドライバーのリストである。

▶「ステップ 3（知的資産の評価）」：知的資産の評価は，次の 2 つの観点か

図表2-32 ドイツ知的資産報告書の作成ステップ

作成ステップ	構成内容	具体的な質問事項の例示
ステップ1：予備的状況の記述	・事業環境における機会とリスク	・自社の製品／サービスに対して十分な市場の需要があるか、あるいは第三者によって提供されたベターな解決案により自社は有利な立場にあるか ・新規で将来性のある事業やサービス分野の余地があるか ・どのような社会的・政治的状況が自社の事業に影響するか等
	・戦略的考慮	・過去において自社の強みは何であったか ・端的に言って、自社の事業戦略を達成するために、どのような知的資産なりナレッジを必要とするか ・顧客や競争企業に関して、どのようにして戦略を策定しなければならないか等
ステップ2：知的資産の査定	・事業実施プロセス	・どのような製品／サービスを市場で販売・提供しているか ・これらのサービスを提供するのに、中核的プロセスはどこにあるか ・プロセスにおける既知の弱点はどこにあるか等
	・影響力ある知的資産ファクター ◇人的資産 ◇構造資産 ◇関係資産	・どのようにして適切な従業員を見い出し、採用し、維持しているか ・どのようにして従業員の能力や技術を体系的に強化し、促進しているか ・どのようにして相互交流やコミュニケーションは促進されているか ・どのようにしてプロセスはITによってサポートされているか等
ステップ3：知的資産の評価	・評価ディメンション（量・質・体系性）（0％：明確に把握困難 ～ 120％：必要以上）	・影響力あるファクターの量（quantity/volume）は十分か ・影響力あるファクターの質は十分であるか、われわれは適切なファクターを既に開発しつつあるか。われわれの目標を達成するのに十分なものを有しているか ・いかに体系的に影響力あるファクターを既に開発しつつあるか等
ステップ4：指標の設定と評価	—	・従来の評価を裏付ける指標（既存・新規）は何か ・指標の計算を裏付ける指標をどのように定義づけているか ・指標はどのように解釈されるか等
ステップ5：知的資産の伝達	・知的資産報告書の構成（序文・会社プロフィール・課題・事業の業績・ナレッジ戦略・知的資産・将来の展望・予想・指標グループ）	—
ステップ6：知的資産の管理	—	—

出典：BMWA, Guideline の説明文を参考に筆者が作成。

図表2─33　戦略サイクル

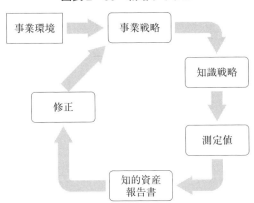

出典：BMWA, Guidline［2004］p.20, Fig.3 より引用。

ら決定される基準値（benchmark）によって行われる。1つは「事業活動
（operative business）パースペクティブ」であり，もう1つは「事業体の戦
略指向（strategic orientation）パースペクティブ」である。前者は，知的資
産ファクターがどの程度よく事業活動に貢献しているか（例えば，顧客の
ニーズをどの程度満足しているか）の観点から評価するのに対して，後者
は，知的資産ファクターがどの程度戦略指向性に影響しているかの観点か
ら評価づけるものである。評価結果は「十分である」か「十分でない」
か，あるいは「必要以上（冗長的）」かによって示される。評価にあたっ
ては，知的資産ファクターの質，量および体系的管理（systematic
management）が考慮され，2つの観点のそれぞれについて全ての知的資産
ファクターを質・量・体系性の各ディメンジョンから評価し，その結果が
図表形式で表示される。これが知的資産ナレッジ・マップ（IC knowledge
map）である。図表2─34は，横軸に「質」，縦軸に「量」に関して
（0％：把握不可能～120％：必要以上に優れている／多い）のスケールで評
価して，その相対的ポジションを位置づけるとともに，円の大きさは，そ
の体系性の程度を表している。

▶「ステップ4（指標の設定）」：自己評価が終了した後，ICSの重要ファク
　ターは数値や事実を用いた測定可能な指標によって検証され，評価結果を

図表2—34 IC査定（アセスメント）ポートフォリオ

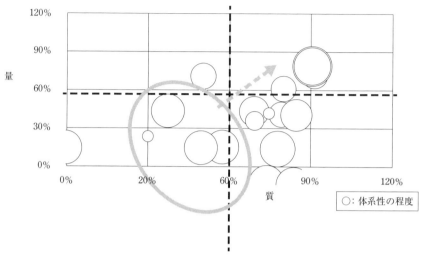

出典：BMWA, Guidline ［2004］ p.27に基づき，具体的詳細は省略して表示。

正当づけなければならない。これらの指標は，従来からの既存の指標を継承することもあるが，新たな視点から新規の指標が用いられることもあり，指標の選定を一般化することはできない。これを受けて，「ステップ5（知的資産の伝達）」並びに「ステップ6（知的資産の管理）」が行われて，知的資産のビジュアル化と企業の発展に向けての現状と将来の改善可能性が提示される。

【ドイツ知的資産報告書モデルの特性】

ドイツのICSモデルは，3つのパースペクティブと特性に要約される（Edvinsson & Kivikas ［2007］ p.383）。

▶ ICSビジネス・モデル
▶ ICプロセス・フロー
▶ ICポテンシャルズ・ポートフォリオ

これらの3つの特性につき，本文ではとくにICプロセス・フローに焦点を置いて説明してきた。しかし，ICマネジメントの観点からは，ICファクター

の相互関連性と影響に注目し，「IC ポートフォリオの影響」と「IC ファクターの改善可能性」の 2 つの側面から IC ファクターに関する経営者の意思決定をビジュアル化した「IC マネジメント・ポートフォリオ・マップ」など興味深いツールをなす。

(4)　わが国知的資産報告書モデルとドイツ・モデルとの比較

　知的資産レポーティングに関して，わが国では，経済産業省産業構造審議会経営・知的資産小委員会「中間報告書」(2005) を受けて，「知的資産経営の開示ガイドライン」(2005) が公表され，知的資産レポーティングが推進されてきた。この日本型モデルは，マネジメント・ツールとしての知的資産報告に焦点を置く北欧型モデルと，ファイナンス・ツールとしての役割に焦点を置くアメリカ型モデルの特徴を統合化しつつ，わが国の経営環境の特性に適応するようにして作成されたものであり，とくに中小企業を対象とする企業の競争力の源泉の積極的開示に貢献してきた（詳細は，古賀［2012］）。日本型モデルとの比較によって，ドイツ型モデルの特徴を浮き彫りにすることができる（日本型モデルと北欧型モデルとの比較については，Johanson et al.［2006］参照）。

【レポーティングの目的】

　日本型モデルもドイツ型モデルともにマネジメント目的とファイナンシング目的とを包括するものであるが，日本型モデルではファイナンシング目的に焦点を置く対外指向的であるのに対して，ドイツ型モデルではナレッジ・マネジメントの促進を図る対内指向的である。ドイツ型モデルでは，知的資産レポーティングの基礎をなすのは IC ビジネス・モデルであり，企業の「見えざる資産」としての知的資産を活用して企業の戦略的目標の達成と競争優位性を促進しようとするマネジメント・ツールとしての意義がとくに重要である。ドイツ型レポーティングも内部管理目的と併せて外部コミュニケーション目的，とくに金融機関や投資者向けのレポーティング目的を包括するが，広く IC を用いた事業モデル，プロセス・フローおよびポートフォリオ・マネジメントなどナ

レッジ・マジメントとして位置づけられてきた（Edvinsson&Kivikas［2007］）。

【レポーティングの主体企業】

　対象企業として日本型モデルもドイツ型モデルもともに中小企業を主たる対象として展開されてきた点では共通である。しかし，日本型モデルは，当初，そのターゲットを資本市場に置き，投資者とのコミュニケーション・ツールとして策定され，その後，中小企業の育成と金融機関からの資金需要に応えて中小企業向けの知的資産経営マニュアル（2007）が整備されてきた。他方，ドイツ型モデルは，ガイドラインの策定当初から中小企業をターゲットとして知的資産経営の推進が図られてきた。

【レポーティング・モデルの理論的基盤】

　日本型モデルでは理論的基盤が必ずしも明確ではなく，理論的・実証的サポートの点でも改善の余地が少なくない（ICレポーティングに関するアンケート調査結果など）。それに対して，ドイツ型モデルでは，他の北欧モデル（デンマーク・モデル等）と同様，企業をナレッジベース・システムとして位置づけ，企業のナレッジ・マネジメント戦略の一環と見て「戦略─事業モデル─成果」の密接なリンクと，企業のサステナビリティ指向を背景としたドイツの経営環境と企業観に基礎づけられている点で差異が考えられる。マネジメント・ツールとしてのドイツ型モデルが，ICのレビュー・評価にあたって「IC査定ポートフォリオ」や「ICマネジメント・ポートフォリオ・マップ」などICマネジメントのための科学的手法を駆使し，IC報告書の信憑性を促進しようとしている点は，日本型モデルとも他の北欧型モデルとも異なる特徴をもつ。

【認識・パースペクティブ】

　認識論的スタンスから，日本型モデルもドイツ型モデルもともにICプロセス・フローを重視する「プロセス指向認識論」に立つ点では共通性をもつ。しかし，日本型モデルに対して，ドイツ型モデルは戦略的目標と事業プロセスと

の結合性がより明確であり，かつ，IC を認識・把握するための対話での質問事項や KPI の例示など積極的活用にも配慮している点では「実践指向認識論」にも立つ（日本型と北欧型との比較については，Johanson et al.［2006］を参照されたい。）。

なお，2005 年 3 月，IPK 知的資産報告書研究チームより手引書（仕様書）「知的資産報告書：Mode in Germany」が公表されている。併せて参照されたい。

〈＊本章は，拙稿「ドイツ知的資産報告書モデルの特徴と適用可能性」経済産業調査会，特許ニュース（2014 年 3 月 13 日付）を加筆・修正して引用したものである。〉

〈主要参考文献〉

Barney, J.［1991］, "Firm resource and sustained competitive advantage," *Journal of Management*, 17(1).

Borneman, M. and K. Alwert［2007］, "The German guideline for intellectual capital reporting : method and experiences," *Journal of Intellectual Capital*, Vol.8 No.4, pp.563-576.

Brennan, N. and B. Comell［2000］, "Intellectual capital: current issues and policy implications," *Journal of Intellectual Capital*, Vol.1 No.3.

Carson, E., R. Ranzijin, A. Winefield and H. Marsden［2004］, "Intellectual Capital: Mapping employee and work group attribute," *Journal of Intellectual Capital*, Vol.5 No.3.

Contractor, F. ed.［2001］, *Valuation of Intangible Assets in Global Operations*, Quorum Books.

Day, S. and R. Wensley［1988］, "Assessing advantage: a framework for diagnosing competitive superiourity," *Journal of Marketing*, 52(2).

Dembinsk, P., C. Cantale and F. Quiquerez［2010］, "High-growth firms in Switzerland: Analysis of 11 firms," *High-growth SMEs: What governments can do not make a difference?*, OECD.

Dumay, J., J. Rooney and I. Marini［2013］, "An Intellectual Capital based differentiation theory of innovation practice," *Journal of Intellectual Capital*, Vol.9 No.3 (2013).

El-Tawy, N. and T. Tollington［2010］, "Applying arteface-based criteria to the recognition of 'organizational' assets," *Journal of Intellectual Capital*, Vol.11 No.4.

Edvinsson, L. and M. Kivikas［2007］, "Intellectual Capital (IC) or *Wissensbilanz* process : some German experiences," *Journal of Intellectual Capital*, Vol.8 No.3, pp.376-385.

German Federal Ministry of Economics and Labour (BMWA)［2004］, *Intellectual capital statement - Mede in Germany*, Guideline.

Grasenick, K. and J. Low［2004］, "Shaken, not stirred – Defining and connecting indicators for the measurement and valuation of intangibe," *Journal of Intellectual Capital*, Vol.5 No.2.

Johanson, U., C. Koga, M. Skoog and J. Henningsson［2006］, "The JapaneeGoverment's intellectual capital reporting guideline - What are the challenges for firms and capital market agents ?," *Journal of Intellectual Capital*, Vol.7 No.4, pp.474-491.

Källstrand, C. and J. Sandh［2006］, *Intellectual Capital Statement - The German Process Approach*, Lund university Libraries.

経済産業省［2005］「知的資産経営の開示ガイドライン」。

古賀智敏［2014a］『知的資産の会計（改訂増補版）』千倉書房。

─────［2014b］「知的資産経営の認識基点─知的資産経営の更なる発見に向けて」日本知的資産経営学会会誌, 創刊号。

古賀智敏・與三野禎倫［2008a］「知的資産情報と金融機関の信用評価プロセス／評価規準─実態調査を基礎として（その1）」『企業会計』Vol.60 No.11。

─────［2008b］「知的資産情報と金融機関の融資条件に関する営業分析─実態調査を基礎として（その2）」『企業会計』Vol.60 No.12。

─────［2009］「知的資産ファイナンスにおける非財務情報の有効利用と今後の展望─実態調査を基礎として（その3）」『企業会計』Vol.61 No.1。

独立行政法人・中小企業基盤整備機構［2007］「知的資産経営マニュアル」。

独立行政法人・中小企業基盤整備機構［2008］「中小企業のための知的資産経営実践の指針─知的資産経営ファイナンス調査・研究編」。

Lev, B.［2001］, *Intangibles : Management, Measurement ,and Reporting,* The Brookings Institution Press.（広瀬義州・桜井久勝監訳［2002］『ブランドの経営と会計』東洋経済新報社。

MERITUM［2002］,*Guidelines for Managing and Reporting on Intangibles.*

Morck, F., M. Hall and E. Vali［2003］, "Banking and Venture CapitalMetrics," *PRISM*, WP7.

OECD/Eurostat *Oslo Manual*［2005］, Guidelines for Collecting and Interpreting Innovation Date.

OECD［2012］, Intangible Assets, "Resource Allocation and Growth : A Framework for Analysis," *Draft paper.*

Prahalad, C. K. and G. Hamel［1990］, "The core competence of the corporation," *Harvard Business Roview.* 68(3).

Rooney, J. and J. Dumay［2017］, "Intellectual Capital and Innovation," *The Routledge Companion to Intellectual Capital*: *Frontiers of Research, Practice and Knowledge*, Roufledge.

Sanchez, P., C. Chaminade and M.Olea［2000］, "Management of intangibles: An attempt to build a theory," *Journal of Intellectual Capital*, Vol.1 No.4.

Stone, A., S. Rose, B. LaI and S. Shipp［2008］, "Measuring Innovation and Intangibles : A Business Perspective," *IDA Document D-3708.*

Treacy, W. and M. Carey［1998］, "Credit Risk Rating at Large U.S. Banks," Federal Reserve Bulletin, 84(11).

Yao, J. and C. Koga［2017］, "Sustained Competitive Advantage and Strategic Intellectual Capital Management," *The Routledge Companion to Intellectual Capital : Frontiers of Research, practice and knowledge*, Routledge.

Young, D.［2003］, "Toward a Set of General Principles for Measuring and Reporting on Intangible Assets," *Paper for PRISM Research Project*, WP4.

第3章

ビジネス価値創造のための
知的資産の評価—方法論と実践—

　第3章では，ビジネス価値を創出する知的資産項目の典型例として，特許権等の技術関連知的資産，ソフトウェア等のデータ処理・コンピュータ関連，商標権等のマーケテイング関連知的資産，および人的資源につき，その意義，評価方法論，並びに実践例を簡潔に説明し，ビジネス価値創造のための構成要素の評価方法を示す。

第1節
知的資産の評価方法

(1)　3つの評価アプローチの特徴

　知的資産（インタンジブルズ）の評価アプローチとして，大きく次の3つがある。インカム，マーケットおよびコストの3つである。評価にあたっては，これらの3つのアプローチが単独または複数で用いられる。いずれのアプローチが常に優れているわけではなく，評価対象としての知的資産のタイプや評価方法の適合性，分析データの質・量によっていずれのアプローチを使用するかが決定される（Reilly & Schweihs［1999］p.92，以下，R & Sと略す）。コストおよびマーケット・アプローチが過去または現在の交換価値（客観価値）を表すのに対して，インカム・アプローチは使用価値（客観価値）に立つ（図表3—1参照）。

　これらの3つのアプローチは，およそ次のように特徴づけられる（EC［2013］；古賀［2014］99-103頁）。

①　インカム・アプローチ（income-based approaches）

　インカム・アプローチは，知的資産（ないし知的財産）の所有者であることによって事業で実際に実現されるであろう価値をいう（EC［2013］2・4・1参照）。実物では，インカム・アプローチは知的資産の評価目的に最も適合性を有し，広く利用されている方法である。その反面，当該知的資産の使用に関して仮定が含まれること，また，正しい評価結果を得るためには，インプット・データが入手可能で，かつ，正確でなければならないなどの要件が不可欠とされる。このアプローチによる主要な評価方法として，ロイヤリティ免除法（relief-from-royalty method），増分利益法（incremental income method），および超

過収益法（excess earnings method）などが含まれる。これらの方法間の相違点は，知的資産に直接帰属する利益部分をどう把握するかである。これらの方法は，いずれも割引キャッシュフロー技法を用いて当該資産に帰属する将来的な経済予測利益の割引計算をなす。

②　マーケット・アプローチ（market-based approaches）

　マーケット・アプローチは，同一または類似の資産について比較可能な正規の取引に基づいて価値評価を行おうとするものであり，価格情報が入手できる同一または類似の知的資産と比較することによって評価する方法である（EC［2013］2・4・2）。この方法は客観的かつ信頼性の高い方法であり，同一または類似の取引が得られるのであれば，知的資産評価のベスト・ベンチマーク（基

図表3―1　知的資産評価の3つのアプローチ

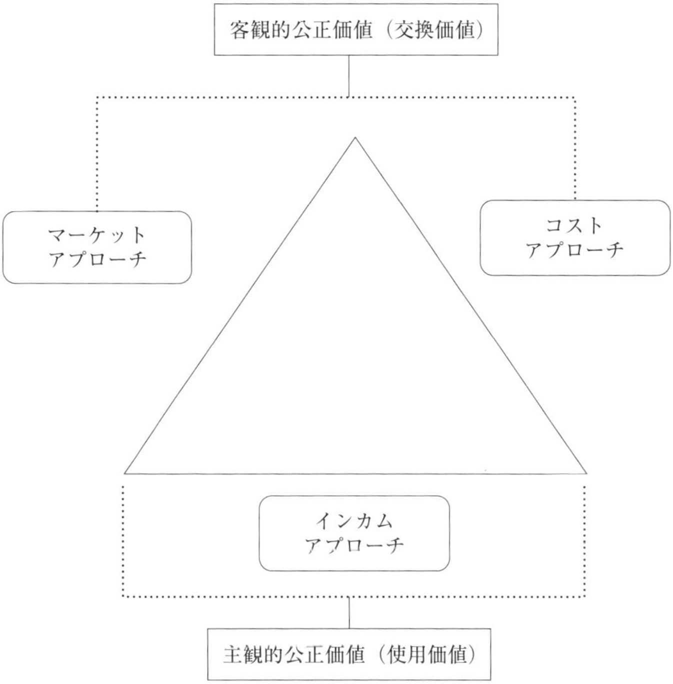

出典：古賀［2014］98頁，図表6-2より引用。

準値）を示す。

その反面，このアプローチでは比較対象となる知的資産の取引データは入手困難なことが多く，たとえ入手可能であっても知的資産の特性にかなりの差異が生じる場合にはその差異を考慮したベンチマーク評価額の調整は容易ではない。また，知的資産の価値は誰が使用するか，また，どのように使用するかに依存するので，同一の資産であっても異なった状況のもとでの単純比較はできないなどの問題がある。

▶同様の取引で支払われた価格情報

▶ベンチマークとなる取引の状況（当事者間の関係など）

③　コスト・アプローチ（cost-based approaches）

コスト・アプローチとして，大きく次の2つの方法がある（EC［2013］2・4・3）。

▶歴史的原価法（historical cost method）

▶取替原価法（replacement cost method）

両社とも知的資産の開発・創造に要したコストを集計する点では共通であるが，歴史的原価法は知的資産を創造するのに実際に要したコストを表すのに対して，取替原価法は現存の知的資産を取り替えるか，類似資産を創造するのに要する見積もりコストを示している。

歴史的原価法は客観性，首尾一貫性，信頼性の規準を満足する利点をもつ反面，知的資産の創出に要したコストをそれが生み出す価値と必ずしも相関関係を持たないという致命的な欠陥をもつ。例えば，特許を取った薬品が規制機関の認可が得られず販売されなかったり，ブランドの価値が必ずしもその開発投資を表すものではないケースは少なくない（EC［2013］p.18）・（EC［2013］p.18）。また，知的資産の価値を維持する支出額と知的資産の開発に投資される支出額とを区別しなければならないなど，実践上の困難性を伴う。

他方，取替原価法は現在価格に基づく点では，これらの歴史的原価アプローチの問題をある程度解消するが，別の実践的問題をもつ。この方法を使用する場合，市場価格など客観的基準値が得られないならば，知的資産の再創出コス

トの見積もりは主観的になる。また，ブランドや特許権などを再創出すること
ができるとしても，コストと価値（バリュー）との結びつきは不明確になる。
このような場合，当該知的資産を購入またはライセンス利用によって企業が支
払おうとするマキシマム金額が理論的には代替価格となるであろう（EC
［2013］p.18）。

　以上の議論を踏まえて，参考までに3つの知的資産の評価アプローチの特徴
を要約的に示したのが図表3—2である。

図表3—2　知的資産の評価アプローチと方法

評価アプローチ	評価方法	アプローチの特徴・留意点
コスト・アプローチ	・再生産原価法 ・取替原価法 　（新規再生産原価−修復可能な機能的・技術的陳腐化＝新規取替原価）	代替と価格均衡の経済原則に立脚；「再生産原価」（完全な複製品）対「取替原価」（同等の効用物）；生産者利益や起業家インセンティブ等を含む原価構成要素；より新しい代替可能な無形財や現在の所有者に対する価値見積りには適するアプローチであるが，より古い特異な無形財や市場向けの見積もりには不適
マーケット・アプローチ	・売買取引法 ・比較利益差額法 ・市場取替原価法	競争と価格均衡の経済原則に立脚；市場で売買された類似無形財と当該無形財との比較による原価評価；信頼可能な売買取引（公正な市場価値）の存在を前提としてすべての無形財に適用可
インカム・アプローチ	・期待経済利益の現在価値計算	予測（期待）の経済原則に立脚；無形財投資からの期待経済利益として算定；当該無形財投資に対する期待収益率の見積もりを前提；経済的利益測定値は当該無形財に関連した利益のみに限定

出典：R & S［1999］pp.96-115の原典を参考に，古賀［2014］102頁，図表6-3を一部簡略化した上で引用。

(2) インカム・アプローチの2つの分析方法

インカム・アプローチによる知的資産評価の方法は，対象となる資産に適合した経済的インカムを測定する方法である。したがって，経済的インカムの測定値と同じ数だけの経済的インカムの方法が考えられるが，知的資産を対象としたインカム・アプローチとして，大きく次の2つの分析方法に分類することができる（R＆S［1999］pp.114-115；R＆S［2014］;古賀［2014］103-110頁）。

▶直接還元法（direct capitalization）

▶収益還元法（yield capitalization）

「直接還元法」とは，正常ないし安定化した単年度の経済的インカム（純収益）を適切な投資利回りで割引き還元する方法である。ここで適用される適切な投資利回りが直接還元利率を表している。直接還元利率は，将来期間が無期限の場合，あるいは特定の有限期間の場合にも適用可能であり，それが予測の終結時の利率になるか，期中の適切な利率を用いるかは，インタンジブル資産の経済的インカムのフロー期間についての評価者の期待によって決まる。直接還元法は単年度の評価のみを対象とする点で評価手法として制約がある。

それに対して，「収益還元法」とは，将来の数期間にわたって経済的インカムを予測し，一定の割引率を用いて現在価値に還元する方法である。この場合，割引率として将来期間にわたる知的資産の予測経済的インカムに関する投資者の期待投資利回り（年ベース）がとられる。将来期間としてどれくらいの長さをとるかは，また，期末終了時の残余価額を算定するかどうかは，最終的には評価者による経済的インカムのフローに関する期待ないし予測に依存せざるを得ない。

簡便法として一将来期間の経済的インカムをとるか，複数の将来期間にわたって期待インカム・フローをとるかの違いはあるものの，ともに当該対象となる知的資産の評価指標を示している。両者を併用することによって，資産評価額の幅を示すことができるので，代替的方法による評価額を調整することによって一層納得できる評価額を得ることができる（R＆S［1999］p.115）。

(3)　収益還元法の適用事例

　収益還元法は，一定期間にわたる期待経済的インカムの変動的フローの現在価値を示すものであり，次の4つのステップで計算される（R＆S［1999］pp.161-162；R&S［2014］pp.103-110）。

① 　第1ステップ：将来インカムの予測と計算
② 　第2ステップ：将来インカムの創出期間の予測
③ 　第3ステップ：予測期間毎の将来インカムの計算
④ 　第4ステップ：現在価値割引のための割引率（収益還元率）の予測と計算

　第1ステップは，知的資産の評価分析に用いられる経済的インカム（キャッシュフロー）を予測・計算することである。収益還元法を用いる場合もいくつかの代替的方法がある。その1つの方法は，3つの発生可能性（「高い」，「最も可能性が高い」，「低い」）のシナリオを設け，それぞれのシナリオのもとで現在価値を割引計算して評価額を決定することができる。

[設例 3-1]
　ソフトウェアA製品について，年度1～5までの5年間における最も可能性が高いシナリオのもとでの純利益は，次のように予測されるとしよう。この場合，A製品の公正市場価値（割引現在価値）を求めよう。

　第2ステップは，経済的インカム予測について残存期間を見積もることである。つまり，知的資産の残存耐用年数を予測することである。また，第3ステップは，経済的インカム・フローの予測について，期間毎の経済的インカムを予測することである。期間としては，1カ月，3カ月，6カ月など採用することができるが，1年ベースが一般的である。

　第4ステップは，適切な現在価値割引率（収益還元率）の見積もりである。割引率を用いる場合，インカム・ストリームの期待成長率は期間ごとのインカム予測のなかに反映されるので，それをインカム・ストリーム予測計算に組み

設例 3-1 「最も可能性が高い」シナリオに基づく評価モデル

評価変数	予 測 期 間				
	2003	2004	2005	2006	2007（年）
売上収益	1000.0	1118.0	1250.0	1398.0	1563.0
売上原価	717.0	803.0	900.0	1002.0	1124.0
売上純利益	283.0	315.0	350.0	396.0	439.0
その他費用	73.0	82.0	92.0	103.0	15.0
営業利益	210.0	233.0	258.0	293.0	324.0
税引前利益	210.0	233.0	258.0	293.0	324.0
法人税（30％）	(63.0)	(69.9)	(77.4)	(87.9)	(97.2)
純利益	147.0	163.1	180.6	205.1	226.8
PV換算ファクター	0.9	0.8	0.7	0.6	0.5
現在価値	127.8	123.3	118.7	117.3	112.8

* この場合，ソフトウェアＡ製品の評価額は，次のように計算される。
  公正市場価値 ＝ 127.8 ＋ 123.3 ＋ 118.7 ＋ 117.3 ＋ 112.8
        ＝ 599.9

  出典：古賀［2014］106頁，図表6-5の計算例を加筆の上，引用。なお，原典はＲ＆Ｓ［2004］
     p.381につき，加筆・修正。

入れる必要はない。この点で，将来の1期間を対象とする「直接還元法」の場合，インカム・ストリームの期待成長率を割引率から取り除いた比率が還元利率となるのとは相違する（古賀［2014］105頁）。

[設例 3-2]
次の条件のもとで，顧客リストの評価額を算定しよう。
▶顧客リストに帰属する第1年度の売上収益　3,000　；売上成長率　年5％
▶現在価値割引率　　　18％　；実効税率　　　36％
▶顧客リストの平均残存期間　　　4年
▶そのほか正味キャッシュフローに影響する費用や資本的支出額は，すべて経営者の予測計算による。

この場合，経済的インカム，つまり，正味キャッシュフローは各年度（第1

設例 3-2　正味キャッシュフローの計算例

	第 1 年度	第 2 年度	第 3 年度	第 4 年度
顧客リストに帰属した売上収益	3,000	3,150	3,308	3,473
−売上原価	1,732	1,780	1,856	1,963
＝売上総利益	1,268	1,370	1,452	1,510
−営業費用	1,056	1,141	1,209	1,258
＝支払利息・法人税前利益	212	229	243	252
−法人税	76	82	87	91
＝支払利息控除前利益	136	147	156	161
＋減価償却費	40	42	44	46
−資本的支出額	44	46	48	50
−正味運転資本増加額	32	34	36	38
−関連有形・無形資産に係る資本的支出額	60	56	52	48
＝経済的インカム（正味キャッシュフロー）	40	53	64	71
現在価値割引率（18％，半期複利）	0.917	0.777	0.659	0.558
＝割引キャッシュフロー	37	41	42	40
顧客リストの評価額				160

出典：R＆S［1999］pp.162-163 につき，筆者が加筆・修正の上，引用。

〜 4 年度）において次のように算定される。

　上記の設例では，インタンジブル資産の評価アプローチとして，次のように経済的インカムを分析して評価額を算定している（R＆S［1998］pp.175-176）。

1.　総収益または純収益（総売上または純売上）

2.　純利益（＝純収益−売上原価）

3.　営業利益（＝純利益−販売費・一般管理費）

4.　税引前純利益（＝営業利益＋営業外収益−営業外費用）

5.　税引後純利益（＝税引前純利益−法人税）

6.　税引前総キャッシュフロー（＝税引き後純利益＋支払利息＋法人税＋減価償却費）

7.　税引後総キャッシュフロー（＝税引前総キャッシュフロー−法人税）

8.　税引前正味キャッシュフロー（＝税引前総キャッシュフロー−資本的支出額−正味運転資本変動額）

9.　税引後正味キャッシュフロー（＝税引後総キャッシュフロー−資本的支出額−正味運転資本変動額）

この計算式は，すべての項目を網羅するものではないが，少なくとも知的資

産項目にインカム・アプローチを適用する際の最も典型的な項目を表示している。

〈直接還元法の適用〉

収益還元法は，インタンジブル資産について複数年度の残存期間において期待される収益フローを対象とする評価方法をなす。それに対して，直接還元法は，単一期間の期待収益を直接還元率で現在価値に割引計算する評価方法である。この場合，インタンジブルズによって創出されるインカムが一定の割合で増加するか，減少する場合に適用される。他方，インタンジブル資産の耐用期間にわたってインカムが異なった割合で創出される場合には，収益還元法が適当である（R＆S［1999］p.185）。

収益還元法で用いられる割引率と直札還元率との関係は，次の通りである。

直接還元率＝割引率－期待成長率

このように，期待成長率（増加利回り）は直接還元率から除外されるので，直接還元率は常に収益還元率（投資資本コスト）より小さくなる。

以下，簡単な設例を示しておきたい。

［設例 3-3］
　上記の設例の第 1 年度のデータについて，顧客リストという知的資産の評価を直接還元法で求めてみよう。

(4) コスト・アプローチ

【コスト，価格と価値】

コストという用語と関連した用語に価格や価値（バリュー）がある（R＆S［1999］pp.120-122 参照）。これらの関連用語と比較することによって，コストとは何かを説明しよう。ごく大まかに特徴づけるとすれば，インタンジブル資産についてコストとは生産プロセスに関連づけられるものであって，市場での交換プロセスと結びつくものではない。コストには，すでに取得された事実とし

設例 3-3

収益	3,000
−売上原価	1,732
=売上総利益	1,268
−営業費用	1,056
=支払利息・法人税引前利益	212
−法人税	76
=支払利息控除前利益	136
+減価償却費	40
−資本的支出額	44
−正味運転資本増加額	32
−関連有形・無形資産に係る平均資本的支出額	54
=経済的インカム（正味キャッシュフロー）	46
÷2（半年ベースに換算）	2
=正味キャッシュフロー（半年ベース）	23
×還元ファクター（8％直線還元率；4 年間，半年複利）	6,733
=顧客リストの評価額	155
顧客リストの市場価値	160

出典：R & S［1999］p.166 を筆者が一部加筆の上，引用。

ての歴史的原価と，現時点での資産の取替，あるいは再生産に伴う現在コストの見積額がある。いずれの場合であれ，コストは市場での交換取引に関連するものではない。

　それに対して，インタンジブル資産の「価格」は，市場や市場での取引に関係した用語である。価格も歴史的事実をなすものであるが，必ずしも「価値」とはイコールではない。市場において売り手と買い手とが合意した価格が市場における価値を表すものではない。資産の市場での価値は，価格についての期待値，つまり期待価格である。

【コストの区分】

　コスト・アプローチで用いられるコストとして，一般に次の 2 つのコストが区分される（R & S［1999］pp.122-124）。

▶「再生産原価法—再生産原価（reproduction cost）」

▶「取得原価法—取得原価（replacement cost）」

「再生産原価」とは，評価時点で対象となるインタンジブル資産（無形財な

いし知的資産）と同一の材料，生産基準，デザイン，レイアウト，製作者の質
のもとで，完全な複製品を現在価格で製造するのに要する見積もりコストをい
う。この場合，複製品には対象となったインタンジブル資産と同じ欠陥や陳腐
状況が含まれる。他方，「取替原価」は，対象となるインタンジブルズと同等
の効用を持つように，最新の材料，生産基準，デザイン，レイアウト，人材の
質を用いて評価日での現在価値を用いて製造・製作したコストである。した
がって，取得原価には対象となったインタンジブルズに含まれる欠陥や陳腐状
況は除外される。

　このように，再生産原価は，単純に対象物と同一の材料，デザイン等を用い
て複製物を製造するのに対して，取得原価では，現時点での最新の材料やデザ
インなどを取り入れて対象物と同一の効用（質）を維持する点で相違する。そ
のため，前者では欠陥や陳腐化が考慮されるのに対して，後者では，同一の効
用をもつので，陳腐化を考慮する必要はない。両者の見積評価額は異なるの
で，コスト・アプローチの適用に当たっては，いずれのコスト概念をとるかを
予め決定しなければならない。以上，2つのコストの区分を次の図表3—3に
要約して示しておこう。

図表3—3　コスト概念—再生産原価法と取替原価法

コスト・アプローチ	目　　的	特　　長
・再生産原価法	・対象物と同等の効用をもつ複製物の製造に要する現在見積コスト	・対象物と同一の材料，生産基準，デザインの前提 ・対象物と同じ欠陥，陳腐化の考慮　当該製品に対する主要等を考慮せず
・取替原価法	・対象物と同一の複製物の製造に要する現在見積コスト	・評価時点での最新の材料，生産基準，デザインの前提 ・対象物に含まれる欠陥，陳腐化を除外 ・当該製品に対する需要等を考慮

　　出典：R & S［1999］pp.95-99；古賀［2014］99-100頁を参考に，筆者が要約表示。

　コスト・アプローチとマーケット・アプローチとの関係は，ごく大まかに言

えば，取得原価から物理的，機能的，および経済的陳腐化に相当する評価額を控除したものである（例えば，古賀［2014］100頁）。すなわち，以下のようになる。

　　市場価値＝新規取得原価－物理的原価－機能的陳腐化－経済的陳腐化

　コスト・アプローチに算入される典型的コストとして，原材料費，労務費，製造間接費，そのほかコンサルティング費用，宣伝促進費等が含まれる。コスト・アプローチは，多くの場合，コストが価値（バリュー）を適切に反映せず，価値を形成する重要な要素（経済的ベネフィットの有効期間やリスク等）が必ずしも反映されない。しかも，当該製品の陳腐化部分を把握し，軽量化しなければならない。したがって，コスト・アプローチが適用されるのは，次のような場合である（R&S［1999］p.119；古賀［2014］101頁）。

▶移転価格，ロイヤリティ・レートを設定する場合

▶知的財産権等の損害額を算定する場合

▶管理職・従業員等の人的資本の評価額を推定する場合

【設例3-4】
　下記のデータに基づき，コスト・アプローチを用いて企業の労働力を評価してみよう。

設例3-4

給与分布	人数	平均給与	実際コスト (1)	採用コスト a	認識コスト b	コスト総額 (2)	評価額 ((1)×(2))
～ 9,999	3	6,900	20,600	5%	10%	15%	3,090
10K ～ 19,999	63	17,700	1,113,920	15%	20%	35%	389,872
20K ～ 29,999	22	24,300	534,500	20%	25%	45%	240,525
30K ～ 39,999	8	32,900	236,500	25%	35%	60%	158,100
40K ～	3	47,300	141,800	30%	45%	75%	106,350
役　員	3	83,000	250,000	35%	50%	85%	212,500
			2,324,320				1,110,437

(注)　a. 採用コストには，人材のリクルートに関連した担当者の給与，間接経費，スカウト報酬，その他宣伝費，旅費などが当該労働力の実際コスト（1）に対して，どの程度の割合をなすかを表す。
　　　 b. 各カテゴリー毎の従業員に対する訓練コスト（％）を表す。
出典：Sykes & King［2003］の原典につき，古賀［2014］103頁を筆者が一部修正の上，引用。

(5) マーケット・アプローチ

【マーケット・アプローチの意義】

　インタンジブル資産の評価方法として最も直接的かつ理解しやすい評価方法として，マーケット・アプローチがある。これは直近に売却されたり，ライセンスを付与された類似の資産を分析することによって市場価値を推定し，そこでの取引と評価対象のインタンジブル資産と比較して評価額を設定する方法である。そのためには，「活発かつ公開された市場の存在」と「比較可能な財貨の交換」という2つの要件が不可欠になる（Smith and Parr［2000］；古賀，［2014］101頁）。したがって，このアプローチは，不動産，汎用機械・備品，車両，汎用ソフトウェア，コンピュータ・ハードウェアおよびフランチャイズ等において最も有効に適用される。それ以外にも，市場で価値評価額のパターンやトレンドを示す信頼できるデータが入手できるのであれば，すべてのタイプのインタンジブル資産に用いることができる（例えば，TV放映権，商標権，プロスポーツ選手との契約等）（R＆S［1999］p.147）。

【マーケット・アプローチの適用ステップ】

　マーケット・アプローチを用いてインタンジブル資産を評価する場合，次のような全面的・体系的プロセスないしフレームワークに基づいて実施される（R＆S［1998］pp.102-103）。

1. データの収集と選択
2. 選択されたデータの分類
3. 選択されたデータの検証
4. 比較単位の選択
5. 価格づけ乗数（multiplier）の数量化
6. 価格づけ乗数の修正
7. 価格づけ乗数の適用
8. 評価数値の調整

第1ステップは，「データの収集と選択」である。まず，適切な取引市場を

調査し，当該対象資産と比較可能なインタンジブル資産について売却取引やライセンス取引に関して情報の収集が図られる。この場合，市場には十分な参加者が存在し，取引情報が正確に伝達されているかどうか（市場のタイムリー性），市場で取引される財貨が当該対象資産と十分に比較可能かどうか（市場の適用可能性）などが検討されなければならない。調査対象となった取引市場が適切であると確信できたとすれば，次に当該市場で入手可能なすべての取引の中から評価額設定目的にとって適合性を有し，分析の対象となりそうなデータ要素をスクリーニングする。適切なデータを選択する場合，インタンジブル資産の種類や活用方法，業種，取引データの日付等が対象資産と比較可能であるかどうか検討しなければならない（*Ibid.*, pp.103-104）。

　第2ステップは，選択されたデータが比較可能な取引データなのか，ガイドライン取引データかに分類する。比較可能取引は，対象となるインタンジブル資産と直接比較可能となり，より比較可能であるほどにより強力な価格設定の証拠が得られる。それに対して，ガイドライン取引データは，間接的に対象インタンジブル資産と比較可能となるにすぎない。個々のガイドライン取引は，対象資産との厳格な比較可能性の要件（同一業種，同一の使用形態，同一の利用年数等）を満たすものではない。しかしながら，ガイドライン資産が対象資産と類似のリスクとリターンの投資特性を有し，ガイドライン資産をグループ（ポートフォリオ）として取り扱うことになってガイドライン資産も対象資産の価格設定に役立つ（*Ibid.*, pp.105-106）。

　第3ステップは，選択されたデータの検証プロセスである。検証プロセスを必要とするのは，第1に市場取引データが実際に正確であることを検証し，第2に価格づけ乗数によって得られた経験的取引が正規の市場取引を反映することを検証し，また，取引による価格づけデータがインタンジブル資産の売却，ライセンス，その他移転にのみ関係づけられることを検証する点にある（*Ibid.*, p.107）。

　第4ステップは，比較単位（units of comparison）である。比較単位とは，例えば不動産評価におけるスクエア・フィート（平方メートル）あたり，ルームあたり，フロア（床面積）あたりなど，価値の共通単位をいう。インタンジブ

ル資産の評価の場合，比較の単位として次のものがある（*Ibid.*, p.110）。

(a) 顧客関連インタンジブル資産：顧客当たり価格，契約あたり，更新あたり，購読者あたり，登録者あたり等の価格

(b) データ処理関連インタンジブル資産：コード・ラインあたり価格，ファンクショナル・ポイントあたり，ディシジョン・ノード（decision node：決断点）あたり等の価格

(c) マーケティング関連インタンジブル資産：名前あたり価格，マークあたり，宣伝広告あたり等の価格

(d) 人的資本関連インタンジブル資産：従業員あたり価格，部門あたり，組織階層あたり等の価格

(e) 技術関連インタンジブル資産：特許あたり価格，図面あたり，デザインあたり，フォーミュラあたり等の価格

次に，第5ステップは，価格づけ乗数の数量化である。ここでは全体の取引価格を比較単位で除して比較「単位当たり価格」が算定される。これらの単位当たりの価格，つまり価格づけ乗数は物理的単位（顧客あたり等），あるいは物理的・財務的に表示される。このステップで，価格づけ乗数によって表示された取引データを最大乗数から最小乗数（あるいはその逆）配列しておくことが役立つ。それによって評価者は生のデータでは発見できなかった何らかのトレンドを見出すことができる。

その後，第6ステップでは，評価対象となるインタンジブルに含まれない取引要素なり，市場コンディションの差異や市場動向のミステマティックな変動に対して価格づけ乗数の修正が加えられる。また，第7ステップでは，価格評価の見積金額が最終的に決定される。評価者はそれぞれ適合した比較単位毎に，市場取引から派生された各価格づけ乗数を評価対象の資産の単位数に乗じて，評価数値を決定する。この場合，価格づけ乗数が1つしかない場合には問題がないが，価格づけ乗数が複数の場合には，複数の評価数値が算定されるので，これらの評価額について調査が行われなければならない。これが第8ステップである。

以上，マーケット・アプローチによるインタンジブル資産の評価ステップを

図表3―4のように要約的に示しておきたい。

図表3―4　インタンジブル資産の評価ステップ

（第1ステップ）	（第2ステップ）	（第3ステップ）	（第4ステップ）
データの収集・選択	選択されたデータの分類	選択されたデータの検証	比較単位の選択

［コメント］

・情報収集した市場の「効率性」,「タイムリー性」及び「適用可能性」の検討	・市場取引データかガイドライン取引データか	・データの正確性,正規の市場取引,データのレリバンス（売却・ライセンス等）	・不動産評価におけるスクエア・フィートあたりの価格等

（第5ステップ）	（第6ステップ）	（第7ステップ）	（第8ステップ）
価格づけ乗数の数量化	価格づけ乗数の修正	価格づけ乗数の適用	評価数値の調整

・（市場取引価額 ÷ 比較単位）＝比較単位当たりの価格	・市場コンディションやシステマティック変動の修正	・価格づけ乗数が複数の場合,中央値等の統計分析	・代替的評価数値の分析と調整

出典：R&S［1999］pp.102-104の説明文を参考に,著書が作図。

3

第2節

技術関連の知的資産の評価
―特許権など―

(1)　技術関連の知的資産とは

　技術関連の知的資産（technology intangibles）とは，企業が開発したり，購入したりした私有の知識やプロセスに帰属させることができ，顕著な競争優位性なり製品差別化をもたらすものと認識されるものをいう（R & S［1999］p.435；ここでは，Chapter 24 pp.434-444 を主として参考にしている）。これは，とくにハイテク産業に固有のものではない。所有者に競争優位性なり製品差別化をもたらす私的所有の技術は，すべて技術関連知的資産であり，すべての産業に適用される。

　技術関連知的資産には，一般に次のような知的資産が含まれる。

　▶特許権

　▶特許登録予定の特許権

　▶マスク・ワーク（一連の関連する映像を固定し，または暗号化したもの）

　▶トレード・シークレット（技術秘密や営業秘密など経済価値をもつもの）

　▶ノウハウ

　▶企業秘密／営業秘密（職務上知り得た情報や個人情報など非開示情報）

　▶コンピュータ・ソフトウェア，データベース，指導マニュアル等の著作権

　この中で，著作権に関する評価は次のセクションで取り扱い，以下では，主に特許関連やノウハウ，トレード・シークレットなど知的資産の評価方法について説明しよう。

　技術関連資産を評価するためには，まず対象となる資産を把握し，その価値について合理的な測定値を得ることになる。この場合，技術関連のインタンジ

ブル資産を評価するのは，次のような目的が含まれる（R&S［1999］p.4）。

▶ライセンス供与の機会の把握と関連ロイヤリティ・レートの見積もり─「収益化・ビジネス目的」

▶企業の買収時での購入価格配分額─「M&A目的」

▶固定資産税評価に対する意義発生時での評価額配分─「税務・会計目的」

▶占有継続債務者融資（民事再生法の手続き開始後に行う短期融資）における担保評価─「融資目的」

　技術関連資産の評価にあたっては，業種，製品，サービスなど影響要因が広く考慮されなければならない。例えば，次のような項目が例示される。

▶新規開発の技術か，既存の確立した技術か（新規性）
▶競合する技術よりも新しいか，古いか（競争優位性）
▶製品・サービスに関して，一貫して利用される技術か否か（利用─首尾一貫性）
▶広い範囲で利用される技術か，狭い範囲で用いられる技術か（利用─汎用性）
▶広い業種で利用される技術か，特定の業種でのみ用いられる技術か（利用─業種）
▶新規及び既存の製品・サービスについて制約されない技術か，制約を受ける可能性ある技術か（拡大可能性）
▶技術を新業種や新利用にライセンス供与するのに制約を受けないか，制約を受ける可能性があるか（市場開拓可能性）
▶応用力が確立した技術か否か（応用力の確立）
▶商業的にライセンス供与された技術か否か（拡大実績）
▶製品・サービスの利益マージン／投資利回りは，業界平均よりも高いか否か（収益性）
▶製品・サービスの利益マージン／投資利回りは，競合する名称よりも高いか否か（相対的収益性）
▶技術を現状レベルで維持するコストは，低いか高いか（技術の維持コスト）
▶技術を商業化する開拓コストは，低いか高いか（商業化開拓コスト）
▶技術を商業化する方法は，多いか少ないか（商業化開拓の方法）
▶技術を用いた製品・サービスは，高いマーケットシェアを持つか否か（マーケットシェア）
▶技術を用いた製品・サービスは，競合する名称より高いマーケットシェアを持つか否か（相対的マーケットシェア）
▶技術を用いた製品・サービスの市場は，拡大的か縮小的か（市場の拡大可能性）

▶ 技術を用いた製品・サービスは競合する名称よりも拡大が早いか，遅いか（市場の相対的拡大可能性）
▶ 技術に対する競争は低いか，かなり確立した競争があるか（競争）
▶ 技術に対する需要は現在ほとんど充足されていないか，技術に対する需要はほとんど存在しないか（需要）

出典：R & S［1999］p.437, Exhibit 24-1 を参考に，著者がチェックリスト形式で作成。

　これらの項目は，技術関連の知的資産を評価する場合に，とくに考慮すべきチェック・ポイントをなす。

(2)　技術関連知的資産の評価

　特許権などの技術関連知的資産の評価に関する近年の基本的考え方は，特許権などは事業と一体となって経済価値（キャッシュ・フロー）を生むのであるから，特許権等の知財の価値評価は，有機的に組織化された事業の事業価値の評価を前提として，事業価値に特許群の寄与率を乗じることによって評価できるという「知財・事業価値評価一体化アプローチ」である（知的財産戦略本部［2018］3頁）。

　特許権等の技術関連知的資産の評価アプローチとして，マーケット，コストおよびインカムの3つのアプローチがある。いずれのアプローチが採用されるかは対象資産の特性，とくにそれぞれの評価アプローチの基礎データの質と量によって相違する。実務的には3つのアプローチによって算出される価値評価額について，それぞれに異なったウェイトづけをすることによって，最終の評価額を決定する方法がよく用いられてきた（R & S［1999］p.436）。

　以下では，3つのアプローチそれぞれについて説明を加えておきたい（*Idid.*, pp.436-443 を参考にしている）。

(3)　マーケット・アプローチ：類似取引比較法

　マーケット・アプローチとして広く利用されているのが，「類似取引比較法

(sales comparison approach)」である。これは対象知的財産に類似する取引を調査することによって，その価値を類推する評価方法である。その前提として対象物について購買者は比較可能な財貨（および，その価値を高める拠出額があれば当該金額を加えて）を購入する十分な金額以上は支払わないという代用の原理に立ち，技術関連の知財についても独立した当事者間の正規の取引が行われる市場こそがベストな評価額を表わすといえる（R & S［1999］p.436）。そのためには，市場は活発で，かつ信頼できるものでなければならない。また，すべての財貨はそれぞれ個性をもつ点で，評価対象物と完全に一致する物を見出すことは困難であり，利用は限定的になるかもしれない。

　類似取引比較法の適用ステップについて，その要点は次の通りである（*Ibid.*, pp.436-437）。

① 　比較可能売買取引の把握：適切な取引市場において，技術の種類，使用実績，技術が使用される業種，売買日付等の属性に関して，評価対象の技術と類似または比較可能な売買取引やライセンス取引についての情報を収集する。

② 　収集した情報の検証：データが事実として正確であり，かつ，技術の売買／ライセンス取引が独立した正規の取引であることを確認することによって，情報を検証する。

③ 　適切な比較単位（単位当たりの金額，特許 1 件当たりの収入等）を選定し，比較単位毎に比較分析を行う。

④ 　比較可能な技術の売買／ライセンス取引を評価対象の技術／ライセンスと比較し，それぞれの比較可能な技術などの価格を対象技術に即して修正を加える。

⑤ 　技術取引の分析から得られた種々の評価額を調整して，単一の評価額または一定範囲の評価額を決定する。

　以上のプロセスの概要は，図表 3—5 のように要約して表示される。

　なお，類似取引比較法を用いて，指標となる類似取引を選定し，分析するためには，少なくとも 10 個の基本的要素を把握し，調査しなければならない。これらの考慮項目として，類似取引に含まれる法的権利，特別な財務条項の有

図表3―5　類似取引比較法の適用ステップ

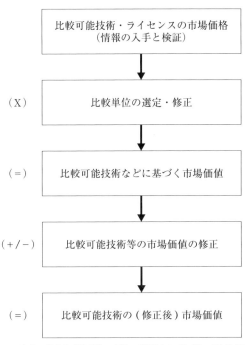

（X）

（＝）

（＋／－）

（＝）

	比較可能技術・ライセンスの市場価格 （情報の入手と検証）
	比較単位の選定・修正
	比較可能技術などに基づく市場価値
	比較可能技術等の市場価値の修正
	比較可能技術の（修正後）市場価値

出典：R＆S［1999］p.436の説明文に基づき，著者が要約表示。

無，正規の売買取引の有無，技術が使用されている業種，中古市場における経済状況，類似資産取引の地理的・地域的特性，類似資産取引の条件や期間上の特性，その他類似資産取引の経済的特性が例示される（*Ibid.*, pp.437-438）。

【設例 3-5】

　ABC テクノロジー社と同業種において同等の技術がライセンス契約されているとしよう。このライセンス契約の分析の結果，ABC テクノロジー社のライセンスに適用可能な市場でのロイヤリティ・レートは，正味収益の 5 ～ 6％であることが判明した。ABC テクノロジー社は当該ライセンス契約の対象となる技術を所有しているため，技術使用のためのロイヤリティの支払いを行う必要はない。ABC テクノロジー社の技術は，2019 年度の製品売上 60 百万円を創出することが見込まれている。なお，市場での税引き後の収益還元率（直接資本比率）は 20％とする。この場合，類似取引比較法によって，2018 年 12 月 31 日現在での ABC テクノロジー社の技術の算定価格は，以下の通りである。

設例 3-5　マーケットアプローチ（類似取引比較法）による計算例

（単位：1,000 円）

評価分析	次制度の見積計算	
技術使用による正味収益	60,000	60,000
ロイヤリティの市場レート	5％	6％
ロイヤリティ支払いの節約見込み額（年）	3,000	3,600
差引：法人税（40％）	1,200	1,440
税引き後のロイヤリティ支払い節約見込み額	1,800	2,160
直接資本化率（市場利回り）	20％	20％
所有技術の算定評価額	9,000	10,800
所有技術の公正市場価値	<u>10,000</u>	

出典：R & S［1999］pp.441-442 を参考に，加筆・修正して作成。

(4)　コスト・アプローチ：研究開発費節約法

　コスト・アプローチを用いた技術評価の計算方法として，企業が自社の技術所有によってどれほどの研究開発費用の投資額を節減することができるかを類推する「研究開発費節約法（Research and Development Cost Savings Method）」がある（R & S［1999］p.442）。これは研究開発（R & D）コスト面に注目するコスト・アプローチの適用例をなす。前述の ABC テクノロジー社の場合，生産ラインが自社の所有する技術によって業界の平均投資額に対して相当額の研究開発費用の節約（正味収益のパーセントで測定）をなすことができるとの考えのもとで，その節減額によって技術の価値を推定しようとする。

　本ケースでは，ABC テクノロジー社のライバル企業の R&D 費用の平均比率（対正味収益）8%，同テクノロジー社の R&D 費用（対正味収益）2%，同テクノロジー社の R&D 費用節約の見込み額（対正味収益）6%という仮定のもとで，ABC テクノロジー社の技術の見込み評価額は，「設例 3-6」に示される通りである。

設例 3-6　コスト・アプローチ（R&D 費用節約法）による計算例

（単位：1,000 円）

評価分析	次年度の見積計算
技術使用による正味収益	60,000
R&D 費用節約見込額（対正味収益）	6%
費用節約による税引前利益増加額	3,600
差引：法人税（40%）	1,440
費用節約による税引後利益増加額	2,160
直接資本化率	20%
所有技術の算定評価額	10,800
所有技術の公正市場価値	<u>10,800</u>

出典：R & S ［1999］p. 442 の設例を参考に，筆者が一部加筆・修正して作成。

(5)　インカム・アプローチ：利益分割法

　利益分割法／分析（profit split method / analyses）は，いくつかの異なった形で適用されている。最も典型的な適用方法では，無形資産に配分された利益（例えば，25%）が無形資産への企業のトータル利益の配分額であり，残余の利益分割部分（例えば，75%）はその他の所有者／利益貢献資産のすべてに対する企業のトータル利益の配分額となる（R & S ［2014］pp.304-305）。

　利益分割法を用いる場合，まず企業のトータル利益が決定される。この場合，利益とは総収益を表すこともあるが，多くの場合，営業利益や正味キャッシュフロー等のネット（正味）の利益値が用いられる。利益比率を何%にするか 20% から 25% は，無形資産のタイプ，特性，および利用状況等の諸要因による（*Ibid.*）。

　簡単な設例によって，ABC テクノロジー社の技術のライセンス契約につい

て，利益分割法によって技術の評価額を評価してみよう。ABC テクノロジー社の見積経済利益 4,200,000 円を配分すべきトータル企業利益とした場合，技術（無形資産）の見積価値は，「設例 3-7」に示される通りである。

設例 3-7　インカム・アプローチ（利益分割法）による計算例

(単位：1,000 円)

	ライセンス提供企業	ライセンス利用企業
	50%	50%
利益分割後の予測経済利益	2,100	2,100
直接資本化率（市場利回り）	20%	
所有技術の算定評価額	10,500	
所有技術の公正市場価値	10,500	

出典：R & S［1999］p. 443 の設例を参考に，筆者が簡略化して作成。

3

第3節
データ処理・コンピュータ関連知的資産の評価

(1) データ処理・コンピュータ関連知的資産とは何か

データ処理知的資産ないしインタンジブルズ（data processing intangibles）として，従来，コンピュータ・ソフトウェアや電子データベースが挙げられていた。しかし，その後新技術の発展とともに，マスク・ワーク，コンピュータ・スクリーン・ディスプレイ，マルチメディア等が新たに登場し，法的に認められるようになった（R & S［1999］p.364）。これらは，著作権や特許，商標権や営業秘密の形で保護されるようになった。例えば，コンピュータ・ソフトウェアは特許によって保護され，ソフトウェアのソース・コードは著作権が付されることが多い。ファイル・レイアウト，データベース・コンテンツ（システムおよび操作マニュアルも含めて）等の内部創設ソフトウェアは，営業秘密契約の対象となる（R & S［1999］Chapter 19；R & S［2014］Chapter 28, pp.579-625 を参考にしている）。

【コンピュータ・ソフトウェア】

コンピュータ・ソフトウェアとは，コンピュータに何をすべきかを指令するプログラムをいう。より正確に言えば，それは「コンピュータに目指すタースク（課題業務）またはタースク群を行わせるためのすべてのプログラムないしルーチンであり，これらのプログラムを記述し保持するためのドキュメンテーション」（アメリカ連邦内国蔵入庁 IRS の定義；R & S［1999］p.364）をいう。これには，すべてのコンピュータ・プログラム，オペレーティング・システムやアプリケーション・プログラムなどが含まれる。

　一般にインタンジブル資産の分析にあたっては，①機能性（functionality），②ソフトウェア開発，および③ソフトウェア商業化の３つの側面から行われる（R&S［2014］pp.581-582）。

　第１に，ソフトウェアの機能性とは，ソフトウェアがシステム・ソフトウェアであるか，アプリケーション・ソフトウェアであるかをいう。通常，システム・ソフトウェアはコンピュータを動かすオペレーティング・システムを含むのに対して，オペレーティング・ソフトウェアはコンピュータ・ハードウェア（およびそれに付随したインプット・アウトプット機器）を稼働させる役割をもつ。このようなソフトウェアはユーザーの情報ニーズではなく，コンピュータの情報ニーズを満足する。つまり，オペレーティング・ソフトウェアはワープロ機能やスプレッド・シートその他ユーザーのためのアプリケーションを動かすものではない。

　アプリケーション・ソフトウェア（application software）は，情報その他エンド・ユーザーのための処理を行う。このようなアプリケーションには賃金処理，税務申告書の作成，工事費用見積り，在庫管理や総勘定元帳などが含まれる。これによって担当者は新たな原材料の注文，顧客へのインボイスの発行などを行うことができる。大部分のパーソナルおよびビジネス・ソフトウェアは，アプリケーション・ソフトウェアである。

　第２に，開発カテゴリーは，ソフトウェアが内部創設されたものなのか，外部購入されたものなのか，という問題である。内部創設されたソフトウェアは所有者／開発者としてのIT人材によって創出されるのに対して，外部購入ソフトウェアは所有者／開発者以外の個人によって開発されたものである。多くのソフトウェアの場合，内部創設された要素と外部購入された要素との両者が含まれる。この場合，開発されたコンピュータ・コードなり発生した費用のどちらが支配的であるかによって内部か外部かが分けられる。

　第３に，ソフトウェアの商業化（commercialization）による分類として，ソフトウェアが内部利用目的で開発されたのが，外部利用目的による開発なのかによる区分けである。内部利用目的であるとしても，所有者／開発者が企業の外部にソフトウェアを販売したり，ライセンス付与をすることを妨げるもので

はないが，開発の主たる目的は自社内での利用にある。それに対して，外部販売目的のソフトウェアは，企業内の所有者／開発者の外部の第三者への販売ないしライセンス契約を予定して開発されたものである。このような外部向け販売ソフトウェアは，カスタマイズされたソフトウェア（customized software：特定の個人向けに販売・ライセンス提供されたソフトウェア）であるが，オフザシェルフ・ソフトウェア（off-the-shelf software: 既製品で販売・ライセンスが可能となっているソフトウェア製品）として利用されることもある。

　以上，コンピュータ・ソフトウェアの分析の3つの側面を要約して示したのが，図表3—6である。

図表3—6　コンピュータ・ソフトウェアの分析視点

分析視点	分　類	補足・追記事項
機能性区分	▶システム・ソフトウェア：コンピュータ・ハードウェアを稼働させるオペレーティング・システムを包含。ユーザーの情報ニーズではなく，コンピュータの情報ニーズの充足 ▶アプリケーション・ソフトウェア：エンド・ユーザーのための情報処理，大部分のパーソナル及びビジネス・ソフトウェアが該当	▶オペレーティング・ソフトウェアは，ワープロ機能やスプレッド・シートその他ユーザーのアプリケーションを稼働させず。
開発区分	▶内部創設ソフトウェア：企業内部で所有者／開発者によって開発 ▶外部購入ソフトウェア：企業外部で所有者／開発者以外の個人によって開発	▶多くのソフトウェアでは，内部創設された要素と外部購入された要素の混合形態
商業化区分	▶内部利用を主たる目的とするソフトウェア・ライセンス提供 ▶外部利用を主たる目的とするソフトウェア・ライセンス提供（例，カスタマイズ・ソフトウェア，オフザシェルフ・ソフトウェア）	▶用語の説明 ▶カスタマイズ・ソフトウェアは特定の外部ユーザー向けソフトウェア；オフザシェルフ・ソフトウェアは，既製品で一般外部者向け販売が可能

　出典：R & S［1999］pp.364-365 の議論を参考に，著者が作図。

【コンピュータ関連インタンジブル資産の構成要素】

　コンピュータ関連のデータ処理関連インタンジブル資産（data processing

intangible assets）の構成要素には，次のものがある（R & S［2014］pp.582-583）。

①　コンパイルされたソース・コード（compiled source code）

多くのデータ処理インタンジブルズには，コンピュータ・ソフトウェアが含まれるので，このようなインタンジブル資産の第1の構成要素はソース・コード（プログラミング言語で記述されたテキストないしテキスト・ファイル）である。内部創設のソフトウェアやカスタマイズされたソフトウェアの場合，多くの場合，所有者／開発者はソース・コードを所有するか，アクセスすることができる。しかしながら，買入れのオフザシェルフ・ソフトウェア（ワードプロセシング，スプレッド・シートなど）の場合，必ずしもそうではない。これらのソフトウェアでは，所有者／開発者は購入ソフトウェアを使用するライセンスを受けるのみで，ソース・コードにアクセスすることはできない。

②　ドキュメンテーションおよびテクニカル・マニュアル（documentation/
　　technical manual）

構成要素としてのドキュメンテーションは，内部創設のソフトウェアとして自社内で開発されることもあれば，外部のソフトウェア開発会社によって開発されることもある。ドキュメンテーションは，オフザシェルフ・ソフトウェアの購入によって得られることもある。このシステム・ドキュメンテーションは，典型的には所有者／開発者のITスタッフの利用目的をなすものであり，エンド・ユーザーの利用目的をなすものではない。

③　ソフトウェア・ユーザー・ドキュメンテーションとオペレーター・マ
　　ニュアル（software user documentation and operator manual）

上記のテクニカル・ドキュメンテーションに対して，第3の構成要素はソフトウェア・ユーザー・ドキュメンテーションとオペレーティング・マニュアルである。このユーザー・ドキュメンテーションは，当該ソフトウェアの開発に伴い作成されることもあれば，ソフトウェアを開発する外部第三者によって作成されることもある。いずれの場合であれ，これらのマニュアルや手続き書は，ノンテクニカル・ユーザーの利用を図るために平易な用語で書かれることが必要である。この種のドキュメンテーションは，カスタマイズされたソフトウェアなりオフザシェルフ・ソフトウェアをいかに操作するか，利用者の手引

きとなる（R & S［2014］p.583）。

その他の構成要素として，所有者／開発者の情報データベース，上述の構成要素に関連したライセンス権利その他の契約上の権利，知的財産権などが含まれる。情報のデータベースには，財務会計，消費者からの注文書，生産，出荷，在庫など種々のタイプの情報が含まれている。

(2)　評価方法

データ処理・ソフトウェア関連のインタンジブル資産についても，コスト，マーケットおよびインカムの3つの基本的評価アプローチが用いられる。どのアプローチが適当かは，資産のタイプ，分析目的および入手可能なデータの質・量による。

以下，これらの3つの基本的アプローチについて説明しよう（R & S［2014］p.585；R & S［1999］pp.367-372）。

【コスト・アプローチ】

内部利用目的で内部的に開発されるソフトウェアの評価方法として，コスト・アプローチがよく用いられる。この場合，評価にあたって4つの構成要素，つまり直接コスト，間接コスト，開発者利益および企業促進インセンティブの要素が考慮されなければならない。一般的なコスト・アプローチの方法として次の2つがある。

①　再生産コスト（reproduction cost）：当該インタンジブル資産と全く同一の複製を算出するコスト

②　取替コスト（replacement cost）：外見的には対象物とは異なるが，当該インタンジブル資産の機能性なり効用を再創造するコスト

コンピュータ・ソフトウェアの評価額を見積もる主要な方法として，次の2つがある（R & S［1998］p.368）。

（a）　歴史的原価トレンド法（trended historical cost method）：歴史的原価（取得原価）の実際発生額を集計し，評価日まで発生した原価見込額を加えて

算定する方法である。当該ソフトウェアの開発に要したすべてのコスト（または取得コスト）に加えて，従業員の労務費を算入して評価額を計算する方法である。この場合，ソフトウェア開発に要した時間コストのみが算入されなければならない（*Ibid.*, p.367）。

(b)　ソフトウェア・エンジニアリング・モデル法（software engineering model method）：ソフトウェア・システムの再生産コストないし取替コストの見積方法としてソフトウェア・エンジニアリング・モデルが用いられる。これは本来，評価目的としてではなく，ソフトウェア開発者がソフトウェア・プロジェクトを完結するのに要する労力，時間や人的資源を見積もる方法として利用される。エンジニアリング・モデルに関して，次の2点に留意されたい。

　第1に，これらのモデルに対する主なインプットとして，プログラムやシステム，サイズ，機能性など何らかの測定値が用いられることもあれば（例えば，ソース・コードの工数（規模），インプット／アウトプットやデータファイルのカウントなどファンクション・ポイントの数等），プログラミング言語やプロジェクト・チームの経験・質・アプリケーションの複雑性・タイプ，ドキュメンテーションのレベルなどの属性がインプットになることもある。

　第2に，最も一般的なソース・コードの工数（プログラミングの規模を表す）によるコスト見積モデル（line-of-code cost estimation model）として，COCOMO（Constructive Cost Model：ソフトウェア開発の工数・開発期間など統計的手法を用いて見積もる手法），ソフトウェア・ライフサイクル・マネジメント・モデル（SLIM：Software Lifecycle Management），およびチェック・ポイント（checkpoint: プログラムのサイズ計測値としてファンクション・ポイントを用いるモデル）の3つがある。これら3つのモデルは，いずれも既に実際行ったソフトウェア開発プロジェクトを参考として，当該ソフトウェアの開発時間・コストを見積もる手法であり，「経験的コスト見積モデル」と特徴づけられる（R&S［1999］p.368）。

3

【マーケット・アプローチ】

　内部利用向けのコンピュータ・ソフトウェアであっても，外部で開発された場合，一般にマーケット・アプローチによる評価方法がよく用いられる。このような外部開発のソフトウェアは第三者企業から購入するか，ライセンス供与されるので，購入価格や類似ソフトウェアを参考に当該ライセンス・フィーに関するデータを収集することができる（R＆S［2014］p.585）

　ソフトウェアの評価に用いられる代表的なマーケット・アプローチとして，マーケット取引法（market transaction method）とマーケット取替コスト法（market replacement cost method）の2つがある（以下，R＆S［1998］pp.371-372を参考にする）。

①　マーケット取引法：比較可能もしくはガイドライン・ソフトウェアについて正規のマーケット取引データが入手可能であれば，コード工数当たりの貨幣金額によって計算上の価値を算定し，この単位当たりの金額を当該ソフトウェアの工数に適用してソフトウェアの評価額を見積もることができる。ただし，比較可能な資産ないしガイドライン（モデル）資産と当該対象資産との間で著しい差異が存在する場合，修正が加えられなければならない。しかし，この方法を利用する場合，ソフトウェアの比較可能性を決定することが容易ではないなどの問題がある。

②　マーケット取替コスト法：この方法は，コストアプローチとマーケットアプローチとの ハイブリッド型評価方法であり，オープン・マーケットにおけるソフトウェアの取替コストを 想定するものである。商業的に広く販売されているオフザシェルフ・ソフトウェアパッケージが，当該ソフトウェアに対して有効なガイドラインとなるのであれば，これらのパッケージの購入 またはライセンスに伴うコストが当該ソフトウェアの見積もり取替コストとなる。しかし，当該ソフトウェアに付随した知的財産権が何らかの経済的価値をもつのであれば，この方法は ソフトウェアの価値を過小評価することになる点に留意されたい。

【インカム・アプローチ】

外部利用向けのコンピュータ・ソフトウェアの評価方法として，インカム・アプローチがよく用いられている（R & S［2014］p.585）。このようなソフトウェアは，所有者／開発者によって自社内で開発され，外部の第三者ユーザーに販売またはライセンスによって得られる将来インカムを見積もり，適切な割引率／資本化率を用いて現在価値に還元することができる。これが「割引キャッシュフロー法（Discounted Cash Flow Method）」である。

　ソフトウェアに関連した将来キャッシュフローの計算にあたっては，将来収益，費用（減価償却／アモチゼーションを除く），およびキャピタル・チャージ（資本的支出）を予測して行う。この場合，ソフトウェアが利用される耐用期間をいかに設定するかが割引計算におけるキー変数となる。便宜的には税務上の耐用年数が利用されることが多いが，ソフトウェアの経済的耐用年数は税務計算上のそれとは異なる。ソフトウェアの経済的ライフ年数を合理的に見積もるためには，次のような諸要素を考慮して決定しなければならない（R & S［1999］p.370）。

▶ソフトウェアの利用経過期間および維持・改良の実績

▶ソフトウェアの市場（顧客・競争者）

▶ソフトウェアの機能的特性（ユーザーのニーズをどの程度満足させているか，業界基準との準拠性等）

▶ソフトウェアの技術的特性（スピード，効率性等）

▶類似ソフトウェアの経済的年数

(3)　評価実践：ロイヤリティ免除法の適用例

　インカム・アプローチのもう1つの評価方法として，ロイヤリティ免除法（relief from royalty method）がある。この方法は，インタンジブル資産の所有者が当該資産を所有していなかったとすればその資産を利用することによって得られた収益に対するロイヤリティ（または，ライセンス・フィー）を支払わなければならなかったであろうコスト節約見積額に基づき，当該インタンジブル

資産（ソフトウェア等）を評価する方法である。評価計算に用いられるロイヤリティ・レートは，比較可能なインタンジブル資産もしくはガイドライン（モデル）のインタンジブル資産に適用されるマーケットのロイヤリティ・レートが用いられる。したがって，ロイヤリティ免除法はマーケット・アプローチとして区分されることも少なくない。

【設例 3-8】

ロイヤリティ免除法を用いてソフトウェアの評価額を見積もってみよう（R＆S［1998］377-378)。具体例として，次の経済的データを仮定して，評価額を算定しよう。

・ソフトウェアの売却またはライセンス供与による次年度の売上予測 6,500,000 円
・売上成長率　　10％
・マーケットでのロイヤリティ・レート　　4％
・実効税率　　30％
・現在価値割引率　　18％
・ソフトウェアの残余利用年数　　6 年

　以上のデータに基づき，ロイヤリティ免除法によるソフトウェア評価額は以下に示されている。

設例 3-8　ソフトウェア評価額—ロイヤリティ免除法

	第 1 年度	第 2 年度	第 3 年度	第 4 年度	第 5 年度	第 6 年度
ソフトウェア関連売上	6,500,000	7,150,000	7,865,000	8,651,500	9,516,650	10,468,315
ロイヤリティ節約額（4％）	260,000	286,000	314,000	346,060	380,666	418,733
所得税（30％）	78,000	85,800	94,380	103,818	114,200	125,620
正味ロイヤリティ節約額	182,000	200,200	220,220	242,242	266,466	293,113
割引期間	0.5	1.5	2.5	3.5	4.5	5.5
現在価値割引利子ファクター	0.9206	0.7801	0.6611	0.5603	0.4748	0.4024
正味ロイヤリティ節約額の現在価値	167,549	156,176	145,587	135,728	126,518	117,949
ソフトウェアの計算価値	849,507 円					
ソフトウェア評価額	850,000 円					

　出典：R＆S［1999］p.377 を参考に，数値を変更して筆者が新規に作成。

マーケティング関連知的資産の評価
―商標権―

(1)　マーケティング関連知的資産としての商標権

　マーケティングに関連した知的資産ないしインタンジブル資産として，商標 (trademark)，ブランド，会社ロゴ，その他マーケティング戦略や宣伝コンセプト，ラベルやパッケージ・デザイン等がある。以下では，とくにマーケティング・コア資産としての商標を取り上げ，資産の評価方法について説明しよう。ここで示される評価アプローチは，他のマーケティング関連インタンジブル資産についても適用可能となる（R & S［1999］Chapter 23 ; Smith and Parr［1989］pp.105-115）。

【商標(権)とは】

　商標(権)とは，商標権法上，「製造業者または承認が自己の財貨を認識，他者によって製造された財貨から区別して採用もしくは利用する用語，名称，シンボルまたはその組み合わせを包括するもの」（Trade-Mark Act of 1946 ; Smith and Parr［1989］p.111）である。このような商標の排他的利用権は，継続的利用によって獲得され，規制機関（Patent and Trademark Office）に登録することによって確保される。法技術的には商標権として登録されたものに限定して定義づけられているが，ここでは財貨のオリジン（源泉）を認識するのに用いられるすべての考案物，例えば商号や商品名その他類似のマークや名称など商標として含めることにする。

【商標の属性】

　それでは，商標を特徴づける属性なり要素とは何であろうか。商標を特徴づ
ける要素には，定量的要素と定性的要素とがあるが，通常，商標の評価を行う
前に評価者はその品質なり特性を査定することが一般的である。これらの質的
評価は，当該商標の分析のための諸要素を把握するのに役立つ。このような商
標の評価に関連づけられる属性には，次のようなものがある（R & S［1999］
pp.425-426）。

- ▶年齢：長期に確立した商標は企業価値にポジティブに作用する。
- ▶使用の包括性・地理性：包括的で幅広い製品・サービスに適用される商標
  は，企業価値にポジティブに作用する。また，名称が広くアピールし，国
  際的に使用される場合，企業価値にポジティブに作用する。
- ▶拡大可能性：新規ないし異なったタイプの製品・サービスに名称を使用す
  るのに制限がない名称は，企業価値にポジティブに作用する。
- ▶印象・評価：好ましい印象・評価をもつ名称は，企業価値にポジティブに
  作用する。
- ▶現代性：現代的（モダーン）であると認識される名称は，企業価値にポジ
  ティブに作用する。
- ▶品質：称賛され得ると認識される名称は，企業価値にポジティブに作用す
  る。
- ▶収益性：業界平均より高い利益率や投資収益率をもつ商標は，企業価値に
  ポジティブに作用する。
- ▶宣伝コスト：宣伝・広告その他マーケティング・コストが低い商標は，企
  業価値にポジティブに作用する。
- ▶マーケットシェア：マーケットシェアの高い製品・サービスは，企業価値
  にポジティブに作用する。

　以上は，これらの企業価値に影響する商標の特徴的性格ないし属性を例示し
て示したものである。ここでは商標の属性が経済的価値に等しく作用するもの
ではない。また，商標の属性は，企業価値にポジティブかネガティブかと二者
択一的に作用するのではなく，程度の幅の問題である点に留意されたい（R &

S［1998］p.426)。

(2)　3つの評価アプローチ

【コスト・アプローチ】

　商標の評価アプローチの1つとして，コスト・アプローチがある。しかし，この評価方法は商標等のマーケティング関連資産を過小評価しがちであるので，商標の評価アプローチとしては一般にあまり適用されないが，その中でも評価日まで発生したすべての原価を含める歴史的原価トレンド法（trended historical cost method）はしばしば商標の評価方法として用いられている（R＆S［1999］p.427)。

　この歴史的原価法では，当該商標の設定ないし取得に特定的に関与したコストのみ対象とするものであり，具体的には宣伝や広告に伴う費用，法務上の費用，および登録料などが含まれる。これらの費用項目は，会社の記録帳や損益計算書の閲覧などによって入手することができる。なお，歴史的な原価額は，あくまで評価日当日までの実際発生額である点に注意しなければならない。

【設例 3-9　歴史的原価トレンド法】

　ABC社は自社のファッション製品を2016年から生産・販売を開始し，2016年から2018年に実際に支出した宣伝費および販売促進費として，各年度それぞれ3,000千円，1,200千円，および900千円を計上するとしよう（決済日1月31日)。なお，評価日は2019年1月31日決算日とし，2018年マーケティング費用には当日までの全ての発生費用が含まれているものとする。この場合，歴史的原価トレンド法に基づき，当該製品の商標の評価額は次のように算定される。

設例3-9　商標の評価─歴史的原価トレンド法

(単位：1,000円)

ABC 社ファッション製品の宣伝・販売促進費（2016 年会計年度）	3,000
ABC 社ファッション製品の宣伝・販売促進費（2017 年会計年度）	1,200
ABC 社ファッション製品の宣伝・販売促進費（2018 年会計年度）	900
商標評価算定額	5,100
商標の公正市場価値	5,100

出典：R & S［1999］p.430 の設例につき，筆者が数値等を変更して作成。

【インカム・アプローチ】

　商標等のマーケティング関連資産の評価技法としてインカム・アプローチを用いる場合，商標を将来の利用可能期間にわたって保有することによって得られる将来的経済利益の割引現在価値として算定される。このようなインカム・アプローチの代表例の 1 つが利益分割法（profit split method）である。この方法は，商標を所有することによって得られる経済的利益を独立した第三者を想定して，一定の割合で仮想的に配分ないし分割して評価額を算定する方法である。具体的には，次のステップで計算される（以下，R & S［1999］pp.427-428 を参照している）。

　第 1 に，商標に関連づけられる経済的利益を見積もり，算定する。この場合，当該商標以外で商標に付随して利益創出に用いられるすべての資産に関わる資本的支出額を経済的利益から控除した金額（利益─資本的支出額）につき，独立第三者としてのライセンス供与者とライセンス使用者に分割して算定する。

　第 2 に，事業利益をライセンス供与者とライセンス使用者に分割する割合は，リスクとリターンの投資特性，例えば製品，市場，業界，収益性，消費者による認知状況等を分析して予測される。

　第 3 に，ライセンス供与者に分割された利益を適切な収益還元率（資本化割引率）を用いて商標の評価相当額を見積もる。この収益還元率は，適切な現在価値割引率と事業利益の将来の長期成長率との差額をなす。

【設例 3-10　利益分割法】

　DEF 社はパソコン部品の販売実績に基づき，2019 年度の利益見込み額を次のように見積もった。売上高；25,000 千円，製造コスト；売上収益の 4%，販売費一般管理コスト；売上収益の 30%，商標以外の資産に付随した資本的支出；1,000 千円，ライセンス供与者とライセンス使用者との分割割合；50%対 50%，市場での直接資本化率（利回り）；25%

以上のデータのもとで，同社の商標の市場価値は次のように算定される。

設例 3-10　商標の評価―利益分割法

(単位：1,000 円)

分析変数	次年度の見積金額	
DEF 社パソコン部品の正味売上収益	25,000	
見積製造コスト（売上収益の 40%）	10,000	
販売一般管理費（売上収益の 30%）	7,500	
税引前利益	7,500	
法人税（35%）	2,625	
税引後利益	4,875	
資本的支出	1,000	
予測経済利益	3,875	
利益分割割合	ライセンス供与者	ライセンス使用者
	50%	50%
利益分割後の予測経済利益	1,938	
市場資本化率	25%	
商標の算定評価額	7,752	
商標の公正市場価値（概算）	8,000	

　　出典：R & S［1999］p.431 の設例に付き，筆者が数値等を変更して作成。

【マーケット・アプローチ】

　一般にマーケット・アプローチとは，当該対象資産と比較可能な資産またはガイドラインが示した資産を内容とする実際の市場取引を参照することによってインタンジブル資産の価値を評価する方法をいう。その中で最も代表的なマーケット・アプローチとしてロイヤリティ収益還元法（capitalized royalty income method）がある。これは市場でのロイヤリティ収益を資本化（還元）するという意味ではインカム・アプローチでもある（以下，R & S［1999］p.428 を参考にする）。

　ロイヤリティ収益還元法では，正規の取引においてロイヤリティが第三者にライセンス供与されたとすれば獲得されるであろうロイヤリティ収益を参照することによって，当該商標の評価額を評価しようとする。この場合，採用されるライセンス契約は，当該商標と比較可能な類似のリスクとリターンを持った典型的投資でなければならない。その為には，同様の業界状況，経済的期待利益水準，商標の年齢，法的保護の経過期間など当該対象資産と類似のリスク／リターンの投資特性をもつ商標モデル（ガイドライン）を参考に，公正なロイヤリティ・レートの見積値が算定される。

【設例3-11　ロイヤリティ収益還元法】

　ロイヤリティ収益還元法を用いて，商標価値を評価する簡単な設例を示すことにしよう。

　KLM社は自社のハイテク製品の次年度の売上収益25,000千円，市場でのロイヤリティ・レートを5.5%から6%，直接資本化率（収益還元率）20%とした場合，ロイヤリティ収益還元率に基づく商標の評価額は以下のようになる。

設例3-11　商標の評価—ロイヤリティ収益還元法

(単位：千円)

分析変数	次年度の見積金額	
KLM社のハイテク製品の正味売上収益	25,000	25,000
市場でのロイヤリティ・レートの範囲	5.5%	6.0%
ロイヤリティの見積値（年）	1.375	1.500
法人税（35%）	481	525
税引後ロイヤリティ見積額	894	975
直接資本化率（20%）	20%	20%
商標の算定評価額	4,470	4,875
商標の公正市場価値	4,700	

出典：R&S［1999］p.432の設例につき，筆者が数値例を変更して作成。

第**5**節
知的資産としての人的資本の評価

(1)　人的資本の意味するもの

　人的資本を評価するためには，まずもって何を評価するかが明確でなければならず，そのためには人的資産とは何かという定義から始めたい。文献上では，人的資本という概念が最初に登場したのは，18世紀の経済学者アダム・スミスの著作まで戻らなければならない（UN2016,16）。そこでは，人的資本について「社会の住民ないし構成員すべての獲得された有用な能力」の重要性が強調された。

　しかし，個人の能力をある種の資本ないし資産として取り扱う考えが広く認識されるようになったのは，1960年代になってからである。経済学者は国家のアウトプットと土地・労働・資本のプロダクトに投入されたインプットとの差額を説明するのに「人的資本」という概念を用いて説明しようとした（UN2016）。

　一般に人的資本とは，「獲得されたスキルや知識」として定義され，個人によって所有されたスキルや潜在，顕在能力として経済的産出へ寄与する点に焦点が置かれる。その後，概念の精緻化が行われ，1998年OECDレポートでは，人的資本とは，「知識，スキル，コンピテンス，その他経済活動に適合する個人に含まれる属性」として定義され，2001年OECDレポートでは，人的資本とは「個人的，社会的，経済的豊かさを創造するのを促進するような知識，スキル，コンピテンスや個人的属性」としてその範囲を包括しつつ概念の拡大を図ってきた（UN2016）。このように，OECDの人的資本概念は，極めて包括的であり，その構成要素も多面的であり，人的資源管理の分野では，全般

的な労働関連スキルや個人相互間の人的スキルなども含まれる。

　図表3—7は，2001年OECDレポートによる人的資本の定義に含まれる構成要素の全体像をスケッチしたものである。これより，教育やオンザ・ジョブ・トレーニング，インフォーマル・ラーニングなどをインプットとして，知識やスキル，コンピテンス，その他属性を組み込んで人的資本が構成され，その活用アウトプットとして様々な経済的（マーケット活動，非マーケット活動）と非経済的な成果（協力意欲など）が生み出される。

　個人レベルでは，人的資源投資による経済的投資の便益として，個々人が採用され得る能力（employability）を促進させ，収入の増大や将来的キャリアの

図表3—7　人的資本の構成—インプット・プロセス・アウトプット

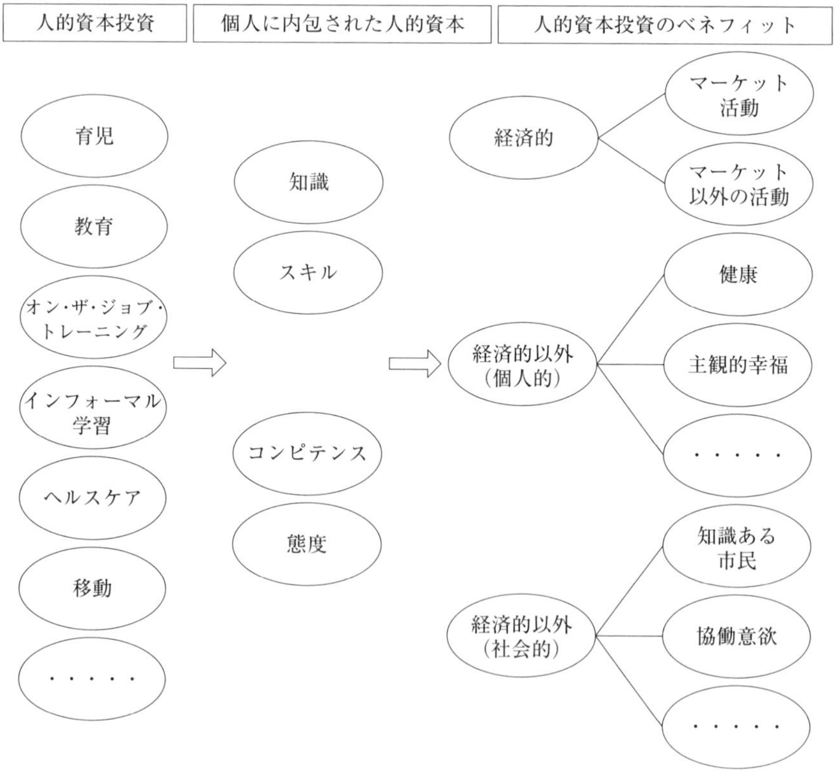

出典：UN［2016］p.18より引用。

発展をもたらす。また，非経済的ベネフィットとしては，家事などの非経済的活動の生産性を高め，生産活動に無関係な個人的ベネフィット（芸術や文化の楽しみ，健康保持，幸福感等）を生み出す（UN［2016］p.2）。

　同様に，企業レベルでは，教育や経験の蓄積によって従業員の生産性が増大し，それを通じて企業利益の増加をもたらす。このような人的資本への投資から創出されたフローとしてのベネフィットが，人的資本ストックのさらなる増加をもたらすというフィードバック効果を持つ点に注目されたい。

(2)　人的資本の 2 つの評価アプローチ

　人的資本の価値を評価する考え方として，プロダクトとしての人的資本を創出するインプットの側面から評価するアプローチと，アウトプットの側面から評価しようとするアプローチとが考えられる。前者が「コストベース・アプローチ（cost-based approach）」であり，後者が「生涯インカム・アプローチ（lifetime income approach）」である（UN［2016］pp.21-24）。

▶ コストベース・アプローチでは，人的資本を創出するのに要する投資コストを合算して人的資本の評価見積もりを行う方法である。これらのコストには，フォーマル教育に関連するコストのみならず，雇用主が提供するトレーニング・コースに要するコスト，そのほか学習に要する時間や教材費が含まれる。

▶ 生涯インカム・アプローチは，人的資本のインプットによって獲得された将来的ベネフィットの現在価値として，算定される。純粋理論的には，完全競争環境下ではコストベース・アプローチは生涯インカム・アプローチによる評価見積もり額と等しくなる。しかし，実際には，必ずしもすべての労働収入を人的資本に帰属させられないので，生涯インカム・アプローチによる見積評価額がコストベース・アプローチを用いた評価額よりもかなり高くなる。

　コストベース・アプローチでは，当期の支出と人的資本のキャピタル・ス

トックとを識別するのに何らかの仮定を要するのに対して，生涯インカム・アプローチでは，母集団の設定や経済的便益の見積もり，さらには割引率において多くの仮定を要するなど，いずれの評価アプローチもある種の仮定を伴う。

〈人的資本の評価方法〉

人的資本に関する一般的評価方法として次の3つがある。

① コスト・アプローチ（cost approach）

② インカム・アプローチ（income approach）

③ マーケット・アプローチ（market approach）

以下では，最もよく利用されているコスト・アプローチを中心に説明することにしよう（R&S［1999］pp. 401-403）。

【コスト・アプローチ】

コスト・アプローチによる人的資産の評価方法として，再生産コスト法（reproduction cost）と取替コスト法（replacement cost）とがある。再生産コストは，対象インタンジブル資産の完全なる複製（レプリカ）を再生産するのに要するコストをなすのに対して，後者の取替コストは，対象インタンジブル資産と同等の機能性をもった生産物を創造するのにかかるコストである。取替インタンジブル資産が対象インタンジブル資産と同レベルの機能性を発揮しないとすれば，その範囲で物理的，機能的，技術的ないし経済的陳腐化による価値減損部分についての修正が必要となる。

インタンジブル資産の再生産コストを見積もる実践的方法として，歴史的発生コストを現在の金額で評価替えする方法がある。この金額は，対象資産を再生産する場合に要する発生コストの見積金額を表すことになる。それに対して，取替コストは，類似の資産を創出するのに必要なカレント・コストの直接的見積金額である。

取替コスト法は，しばしば集合労働力（assembled workforce）の価値を見積もる場合に用いられる。この場合，取替労働力を募集し，採用し，訓練するのに要するコストを算入して人的資本の評価額の見積もりを行う。このような募

集・採用コストには，次のようなコストが含まれる（R＆S［1999］p.401）。

▶募集・採用に関係する従業員の給与・給付

▶採用対象者の面談に係する従業員の給与・給付

▶募集・採用に関係する従業員の間接コスト（オフィス費用，電力，事務費
用等）

▶ヘッドハンター利用報酬

▶募集・採用に要する直接経費（宣伝費，採用候補者の旅費・宿泊費，引越
費用等）また，取替コストの算定に含まれる訓練コストには，次のような
ものが例示される。

▶取替対象者を訓練する関係従業員の給与・給付

▶取替対象者を訓練する関係従業員の間接経費（オフィス費用，電力，事務
費用等）

▶訓練期間中の従業員の給与・給付

▶間接訓練経費（取替対象者による外部トレーニング・コース参加費用等）

　通常の取替コスト法の適用の場合，募集・採用，訓練コストは，従業員報酬
のパーセンテージとして示される。従業員が等級によって区分されている場合
には，募集・採用，訓練コストは，従業員の等級別に区分して適切に見積も
り，表示される。

【インカム・アプローチ】

　インカム・アプローチを用いる場合，一般に特定の従業員が創出する経済的
インカムを見積もることは容易ではない。そのため集合労働力の評価額を見積
もる方法としてコスト・アプローチほど利用されていない。

【マーケット・アプローチ】

　マーケット・アプローチは，評価対象インタンジブルと類似のインタンジブ
ルを含む取引を参照することによって，対象物の評価額を推量する方法であ
る。しかし，企業の集合労働力などでは，売却やリース，その他移転取引は稀
であり，マーケット・アプローチはあまり用いられない。

(3)　人的資本の評価の計算例：コスト・アプローチの適用

　人的資本の評価について，自動車メーカーT工場の組み立て従業員を例に
考えてみよう（R & S［1999］405-409）。次の「設例3-12」は，組立工の人的資
本価値評価を取替コスト法を用いて試算した簡単な計算例を示すものである。

設例3-12　組立工の取替コストの見積額

（単位：円）

従業員の等級	給付総額	月　間　給　与　の　比　率		総費用	組立工の評価額
		募集・採用に係る発生見積額	訓練に係る発生見積額		
1	511,350	5%	10%	15%	76,703
1	806,960	10%	15%	25%	201,740
1	1,400,528	15%	20%	35%	490,185
1	1,127,650	20%	25%	45%	507,443
合計	3,846,488				1,276,071
2	1,543,920	15%	20%	35%	540,372
2	2,230,808	20%	25%	45%	1,003,864
2	2,771,704	25%	30%	55%	1,524,437
2	700,392	30%	35%	65%	455,255
合計	7,246,824				3,523,928
3	1,663,420	20%	25%	45%	748,539
3	2,766,104	25%	30%	55%	1,521,357
3	2,284,050	30%	35%	65%	1,484,633
3	1,200,504	35%	40%	75%	900,378
合計	7,914,078				4,654,907
4	1,680,360	35%	40%	75%	1,260,270
4	2,767,884	40%	45%	85%	2,352,701
4	1,239,786	45%	50%	95%	1,777,797
4	1,508,140	45%	50%	95%	1,432,733
合計	7,196,170				6,823,501
全体総計	26,203,560				16,278,407

　　出典：R & S［1999］p.402 を参考に，数値を一部変更して作成。

〈主要参考文献〉

European Commission（EC）［2013］, *Final Report from the expert Group on Intellectual Property Valuation,* EC.

古賀智敏［2014］『知的資産の会計（改訂増補版）』千倉書房。

Reilly, R. and R. Schweihs［1999］, *Valuing Intangible Assets,* McGraw-Hill.

――――― ［2004］, *The Handbook Business Valuation and Intellectual Property Analysis*, McGraw-Hill.

――――― ［2014］, *Guide to Intangible Asset Valuation*, Willey.

Smith, G. and R. Parr ［1989］, *Valuation of Intangible Assets*, John Wiley & Sons.

Sykes and King ［2003］, *Valuation and Exploitation of Intellectual Property and Intangible Assets*, Emis Professional Publishing.

知的財産戦略本部 ［2018］『知財のビジネス価値評価検討タスクフォース報告書』。

United Nations (UN) Economic Commission for Europe ［2016］, *Guide on Measuring Human Capital*, prepared by the Task Force on Measuring Human Capital.

3

第4章

事業性評価の実践モデル

　第4章では，これまでの議論を踏まえて，企業の成長力デザインのための事業性評価の実践モデルを提示する。まず，第1節では，本書の事業性評価モデルの構築の基礎をなすドイツの利益獲得能力指数，つまり企業の成長力の評価モデルの特徴を分析するとともに，わが国金融機関等で最近注目されるようになった金融庁・経済産業省で推進されているローカルベンチマークの手法と特徴を示すことにしたい。それを受けて，KST（古賀・榊原・高橋）モデルの方法論と技法の要点を提示し，知的資産，イノベーションおよび事業性評価が一体化した企業の成長力推進のデザインを描くことにしよう。

第1節
ドイツの利益獲得能力指数 (ECI)™ モデルの適用可能性

(1) 伝統的業績測定アプローチの問題性

　企業の持続的収益力の源泉としての無形財（インタンジブルズ）の重要性は，広く認識されつつある（例えば，古賀［2014］；櫻井［2011］）。しかしながら，無形財がどのようにして将来利益やキャッシュフローに結びつくかが必ずしも明確ではないために説得力に乏しく，しばしば最適な意思決定をミスリードすることになる。Wulf/Pfeifer/Kivikas によって考案された「利益獲得能力指数（Earnings Capability Index: (ECI)™）」は，財務データに偏重した従来の業績測定システムに対して，財務と非財務との重要業績指標（KPI）の統合化のもとで，企業業績について（a）カレントな利益状況（短期），（b）競争力（中期），（c）変革能力（ability to change: 長期）の3つのディメンジョンから提示しようとするものである（Wulf, Pfeifer & Kivikas［2009］；以下，WPK と略す）。

　まず，伝統的業績測定アプローチは，次のような問題性をもつ（WPK, p.3）。

▶過去に生じた事象や内部のステークホルダーに過度に焦点を置く。

▶集約レベルに過度に焦点を置く反面，プロセスでの業績，従業員の適格性やモチベーションのようなオペレーショナル・レベルはあまり重視しない。

▶財務指標は通常，長期的最適化ではなく短期的最適化をもたらす。

▶顧客価値が適切に考慮されていない。

▶財務指標はアウトプットないし持続的顧客（企業）価値を高めるための戦略的業績，またはプロジェクトを評価する最適指標とはならない。

　以上，要するに，伝統的業績測定アプローチとしての財務指標アプローチ
は，企業の短期的最適化に寄与するのみであって持続的株主価値の最適化に資
するものではなく，しかも，無形財測定のための非財務データと財務データと
の結びつきが欠如してきたため，非財務データのもつ持続的収益力の測定能力
を取り込むことができなかったのである。

(2)　新業績測定システムの特徴

　(ECI)™ モデルが依拠する新たな業績測定システムは，大きく次の 3 つの特
徴をもつ。第 1 に，視点としての長期的価値創造指向性であり，第 2 に，測定
アウトプットとしての定量的指標と定性的指標，財務データと非財務データと
の統合化であり，また，第 3 に，測定システムとしての目標・戦略フォーカス
である（WPK, p.3）。

　まず，新業績測定システムは，長期的価値創造の視点に焦点を置いてスター
トするものでなければならない。そのためには，対外的には異なったステーク
ホルダー間のバランスをとり，それぞれのニーズに適応するとともに，対内的
にも企業内の異なった階層のニーズに対応し，オペレーショナル・レベルや従
業員に一層焦点を置くものでなければならない。新製品開発のための投資金額
は当期の財務状況に反映され，企業の短期的将来の利益獲得能力を提供するの
に対して，特許権等の無形財は，数年後といった将来の中長期の利益獲得能力
の指標をなす。このような企業の中長期の成功可能性評価のための利益獲得能
力指標に注目するのが，ECI である。

　次に，新測定システムの特徴は，優れた財務業績にとってはハードな事実
（定量的・財務データ）はソフトな事実（定性的・非財務データ）と同等に重
要性をもつとする点である。財務データが短期指向であるのに対して，非財務
データは，より長期指向である。両者が密接に統合し合うことによって，企業
の持続的収益力の測定尺度として資することになる。これは，財務データと非
財務データとの相互補完的結合機能を強調する ECI の第 2 の特徴をなす。

　最後に，ECI モデルを基点とする新測定システムは，戦略的マネジメントと

オペレーション・レベルとの統合化を図るものである。戦略的マネジメントは，企業戦略の策定，実行並びに統制を取り扱うものである（WPK, p.6）。ECIモデルにおける競争力並びに変革力に含まれる諸要素は，指標形式で戦略的プロセスの良否を反映するものである。この場合，企業の持続的存続が最も重要な戦略的目標をなす。このようなビジョン，ミッション，戦略的目標の設定のもとで，それを実現するためのマネジメント・アクション，実行，フォローアップ・統制の一連のオペレーションが続き，戦略とオペレーションとの統合化が図られる。以上の一連のステップを図示したのが，図表4─1である。

(3) (ECI)™ モデルの論理構造

マネジメント・ツールとしてのECIモデルでは，定量的・財務的成功ファクターと定性的・非財務ファクターとが戦略的目標と整合性をもちつつ，その実施に向けて作成される。これらの戦略的課題ないし成功ファクターを検証するために，伝統的財務データ並びに競争力・変革力に関する非財務指標が用いられる（WPK, p.7）。このモデルによる企業業績は，次の3つの時間軸のもとで評価されなければならない（WPK, 補足図表S2）。

① 「短期的利益獲得能力─カレントな利益状況」：アニュアルレポート，金融機関の貸付評価，バランスド・スコアカード（BSC）

② 「中期的利益獲得能力─企業の競争力」：企業環境分析，知的資産報告書，BSC

③ 「長期的利益獲得能力─企業の変革力」：知的資産報告書，BSC

図表4─2を参照されたい。これはECIモデルを用いて最終的トータル・スコアをいかに算定するか，その論理構造を示している。ここでは，従来のマネジメント測定ツールが主として財務的・定量的指標に焦点が置かれてきたのに対して，ECIモデルでは，より鮮明に非財務的・定性的指標を強調する点を確認されたい。

ECIモデルで用いられる財務並びに非財務データないし指標は，100を最大値とする尺度で評価される。次に，業界毎のウェイト付けを用いて，インデッ

図表4−1　ECIモデルの戦略的マネジメント・プロセス

【規準】	(収益力/キャッシュフロー)	(顧客セグメント、競争者、構造・関係資産)	(イノベーション能力、固定 vs. 変動コスト、人的資産)	(ECI™)	(アクティビリティ・プラン)	(CRM、人材開発等)	(指標の検証)
【ステップ】	1 カレントの財務状況	2 競争力	3 変革力	4 (将来)利益獲得能力	5 マネジメント・アクション項目	6 実行（ビジネス・オプション）	7 フォローアップ／統制
【情報ソース】	アニュアル・レポート、銀行信用評価、BSC	ビジネス環境分析、IC報告書、BSC	IC報告書、BSC	ステップ1～3の分析	ECI報告書、BSC	業務プロセス記述書、顧客サーベイ	実際 vs. 評価、KPI（修正後）

出典：WPK、補足資料、S.3の表を参考に筆者が図示。

図表4－2 (ECI)™ モデルの論理構造

利益獲得能力指標 (ECI)™
＝企業の成功／収益力の予測

カレント利益（短期）	競争力（中期）	変革力（長期）
コスト／収益比率 スコア 92 ウェイト 1 ＝ 92	顧客価値 スコア 67 ウェイト 1 ＝ 67	イノベーションと成長力 スコア 48 ウェイト 2 ＝ 96
キャッシュ スコア 50 ウェイト 2 ＝ 100	マーケット・ポジション スコア 50 ウェイト 2 ＝ 100	支払賃金と弾力性 スコア 50 ウェイト 1 ＝ 50
収益性 スコア 98 ウェイト 1 ＝ 98	質と体系的な関係資産 スコア 36 ウェイト 2 ＝ 72	質と体系的な人的資産 スコア 34 ウェイト 2 ＝ 68
利益の持続可能性 スコア 71 ウェイト 1 ＝ 71	質と体系的な構造資産 スコア 71 ウェイト 1 ＝ 71	HC, SC および RC の相関分析 スコア 30 ウェイト 2 ＝ 60
加重合計 73 加重短期 80% 加重中期 15% 加重長期 5%	加重合計 52 加重短期 40% 加重中期 40% 加重長期 20%	加重合計 39 加重短期 5% 加重中期 50% 加重長期 45%
短期 EC 予測値 68	中期 EC 予測値 65	長期 EC 予測値 47

出典：WPK、補足資料 S.5 を一部加筆・修正して引用。

クス・スコアを算定する。各インデックス・スコアについて，100 に換算して平均値を算出し，これを短期，中期および長期の各時間軸を考慮したウェイト付けを行う。その結果，カレントの利益獲得能力と将来期間の利益獲得能力とが算出され，その加重平均によってトータル・スコア，つまり，ECI™ スコアが算出される。この計算にあたっては，相互連関マトリックスを考慮しなければならない（WPK, p.8）。

　具体的計算ステップは，次の通りである。

　▶「ステップ 1」：将来インカム　まず，短期，中期及び長期の時間軸によって，「カレント利益」，「競争力」，および「変革力」の 3 つのカテゴリーに区分し，カテゴリー毎に 4 つの項目の加重合計を算定することによって 3 つのカテゴリー毎に諸項目間の相対的重要性を考慮する。

　▶「ステップ 2」：次に，上記ステップ 1 で算定された「カレント利益」の加重合計値（73），「競争力」の加重合計値（52），「変革力」の加重合計値（39）の 3 つの加重合計値をさらに加重合計して，短期利益獲得能力（68），中期利益獲得能力（65），および長期利益獲得能力（47）を算定する。

　ECI モデルはすべての業種，企業において適用可能であるが，その実践的適用にあたっては，業種，市場の成熟度，その他社会的・経済的状況に即してウェイト付けの調整を要する。そのためには，業種によって異なる指標を用いた質問票調査が必要になる。併せて，業種毎での比較可能性を促進するための評価基準値（ベンチマーク）が開発されることを要する。

(4)　財務・非財務の統合化と（ECI)™ モデルの適用可能性

【IIRC 統合報告モデルと ECI モデルとの比較】

　財務情報と非財務情報とを統合化する新たな試みとして統合報告が注目される。そこでは財務と非財務とをいかに合理的に組み合わせて，統合化を推進するかは，今後の課題をなす。同様に，財務指標と非財務指標とを統合化するドイツ ECI モデルは，多くの点で統合報告の特徴を有し，その 1 つのマネジメ

ント実践モデルを示すものともいえる。

国際統合レポーティング委員会（International Integrated Reporting Committee：IIRC）による統合報告フレームワーク［2011］の5つの指導原則それぞれについて，ECIモデルとの類似性を次のように指摘することができる（古賀[2011]）。

① 「戦略的フォーカス：統合報告は事業体の戦略的目標に対して洞察をなすものでなければならない。また，いかにして戦略的目標が長期にわたる価値の創造と維持に関連し，かつ，事業体が依拠する資源や関係と関連づけられるかを示す。」（IIRC, p.13, 以下同様）。

ECIモデルも戦略的マネジメントをオペレーショナル・マネジメントに結合させ，戦略的インタンジブルズ資源を用いて企業価値（利益／キャッシュフロー）の創出を目指す点で統合報告と共通性をもつ。この原則はまた，事業体の市場でのポジションや戦略等から生じる重大な機会やリスクに留意することを要する。ECIモデルにおいても，市場環境の変化などに対してトータル・スコアの調整を求めている（WPK, P.6, 以下同様）。

② 「情報の結合力：統合報告は事業体の種々の事業モデル，事業体に影響する外部要因，また，それが依拠する様々な資源・関係との結合力を示す。」

ECIモデルは，戦略的マネジメントをオペレーショナル・マネジメントに結合しようとするものであり，必然的に目的，企業環境分析，企業分析，戦略の選択と実行とが結び合って，長期的価値の創出を図ろうとし，企業内の現存資源やコア・コンピテンスが重要な変数（パラメータ）となる。

③ 「将来指向性：統合報告は将来に関する経営者の期待，将来の展望や直面する不確実性を情報利用者が理解・評価するのに役立つ情報を包含する。」

ECIモデルは，カレントの利益状況のみならず，企業の競争力や変革力の評価によって，中長期の将来の利益獲得能力を提供するものであり，将来指向性が極めて強い。

④　「ニーズ対応性とステークホルダー包括性：統合報告は事業体のキーと
　　なるステークホルダーとの関係について洞察を与え，どのように，またど
　　の程度ステークホルダーのニーズを理解し，考慮し，それに対応している
　　か洞察を与える。」

　　　ECI モデルにおいても，短期的ステークホルダーのみならず中長期ス
　テークホルダーなど幅広い利用者の認識や期待に対応しようとするもので
　あり，持続的利益の獲得がとくに重要性をもつ。

⑤　「簡潔性，信頼性と重要性：統合報告は事業体の短期，中期および長期
　　の価値の創造と維持能力の評価に重要性ある簡潔で信頼できる情報を提供
　　する。」

　　　ECI モデルは同様に短期並びに中長期にわたっての企業の利益獲得能力
　の評価に役立つ情報を指標形式で簡潔かつ信頼性ある方法で提供しようと
　する。

　このように，ECI モデルは統合報告の5つの特性をすべて満足し，その1つ
の適用形態として理解することができよう。

【事業性評価モデルとしての ECI モデルの適用可能性】

　ECI モデルは，将来の持続的利益獲得を図る戦略的目標を提供するものであ
り，その実現に向けて企業の利益獲得能力，つまり事業性評価を行うための有
効なマネジメント・ツールをなす点に主たる特徴がある。それを実現するため
に，企業の将来的発展可能性の基礎をなす非財務要素，つまり企業の無形価値
ないしインタンジブルズに注目しようとするものである。その評価実績は，最
終的には，期末に財務と非財務の重要業績指標（KPI）として集約され，当初
の ECI モデルのスコアと比較して，当期の活動成果が検証される。ECI モデ
ルに基づき予め設定された戦略的目標は，財務と非財務との KPI の統合的指
標として集約され，当初の戦略的目標の達成具合が評価・検証される。

　このように，ECI モデルは，本来，短期，中期，長期のタイムスパンのもと
で戦略的目標を財務と非財務の側面から策定するためのツールであるが，戦略
的マネジメントとオペレーショナル・マネジメントとをリンクさせることに

142

よって，最終的には，その活動実績を検証し，企業の発展可能性とその課題を分析することができる。

このような ECI モデルの源流には，ドイツの知的資産報告書があることは容易に推察できよう（Edvinsson and Kivikas［2007］）。知的資産報告書は，企業の無形価値創造プロセスのビジュアル化を目指すものであり，企業の将来の利益獲得能力の実現に向けての経営のプラットフォームをなす。ともに無形価値を用いて企業の中長期の利益獲得能力を反映する点で共通性をもつ。

もっとも ECI モデルにも多くの課題がある。それぞれの数量的評価やウェイト付けをいかに合理的に行い，スコアを説得力あるものとすることができるか。また，ECI モデルの戦略的目標をなす項目を，いかにして業種毎に適切に選択するか，トータル・スコアと企業の実際の業績との関係はどうか。今後，モデルの適用実績を積みつつ，その精緻化と実践可能化を高めることが求められる。

　＊本節は，税務経理協会「税経通信」に初出された拙稿を大幅に加筆修正して転載するものである。なお，ECI モデルの引用に当たっては，ドイツの Mart Kivikas 氏の事前承諾を得ている。ここに記して謝意を表したい。

第**2**節
金融庁のローカルベンチマーク

(1)　なぜ，ローカルベンチマークか：意義と背景

ローカルベンチマークとは，「地域企業の経営支援等の参考となる指標・手法」（経済産業省「ローカルベンチマークについて」2016 年 4 月資料）をいい，「それぞれの企業や金融機関，支援機関が独自の視点でより深い対話や理解をする出発点」（同上）をなす。その目指すところは，「産業・金融一体となった地域経済の振興を総合的に支援するための施策」（同上）である。このように，ローカルベンチマークは，企業・金融機関・支援団体が一体となって地域金融・経済を促進するための対話と理解を高めるツールをなす。そのような対話を深めることによって，地域金融機関や企業の資金供給を促すことができる。ローカルベンチマークというのは，地域企業の経営指標であり，事業性評価のための対話のツールをなす。

ローカルベンチマークが取り上げられるようになった背景は，次の通りである。

▶総理官邸，日本経済再生本部「日本再興戦略」改訂 2015（平成 27（2015）年 6 月 30 日）

▶総理官邸，第 4 回「未来投資に向けた官民対話」（平成 28（2016）年 3 月 4 日）

▶経済産業省「第 1 回　平成 29 年度ローカルベンチマーク活用戦略会議」（平成 29（2017）年 9 月〜同 31（2019）年 2 月）

▶総理官邸，「新しい経済政策パッケージ」（平成 29（2017）年 12 月 8 日）

　ローカルベンチマークが最初に取り上げられるようになったのは、未来投資による生産性革命を目指した日本再興戦略においてであった。その中で「ローカル・アベノミクスの推進」を図るべく、サービス産業の活性化・生産性の向上が求められるようになった。そこでは、「中小企業団体、地域金融機関等による地域企業に対する経営支援等の参考になる評価指標・評価手法」として、ローカルベンチマークの策定が提唱された（日本経済再生本部［2014］35頁）。

　これを受けて、平成28（2016）年3月4日、首相官邸での第4回「未来投資に向けた官民対話」において、安倍総理はローカルベンチマークの策定を関係官庁に次のように促した。「地域企業の経営診断の指標として、『ローカルベンチマーク』を策定しました。これを活用し、地域の金融機関や支援機関が企業と対話を深め、担保や個人保証に頼らず、生産性向上に努める企業に対し、成長資金を供給するよう促してまいります」（官邸HP）。そこではローカルベンチマークが、地域の金融機関や支援機関との対話のツールであり、これを活用することによって担保融資等に頼らない成長資金融資の促進を目指すものであることが示されている。

　これを踏まえて制度設計が行われたのが、「ローカルベンチマーク活用戦略会議」である。平成29年9月に第1回が行われて以降、平成31年2月の第9回まで9回の会合が重ねられ、個別企業の活用事例を含めて制度化に向けて具現化が図られた。その間、平成29年12月には、政府の「新しい経済政策パッケージについて」において、中小企業・小規模事業者等の生産性革命に関して、ローカルベンチマーク等の成果を活用しつつ、関係諸団体や地域金融機関も巻き込んで、生産性向上の取組を行うことが確認された（首相官邸［2017］3-2)。

　このように、ローカルベンチマークは、政府のアベノミクス政策の中小企業版として中小企業や小規模業者の生産性向上を促進する起爆剤となることを目指すという政策的色彩の強いものであった。その内容は、中小企業の業務実態を財務と非財務の両側面から指標化し、見える化し、中小企業経営者と金融機関、支援者団体相互間の対話を促進しようとするものであった。

　図表4—3は、以上の議論を要約して図示するものである。

図表4―3　ローカルベンチマークと地域社会活性化の3つのセクター

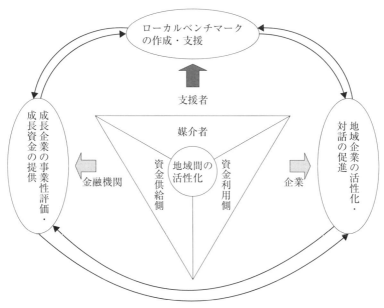

出典：武田［2005］講義資料を参考に，筆者が本書テーマに適用し作図。

(2)　ローカルベンチマークの仕組みと概要

　ローカルベンチマークは，大きく地域の経済・産業の視点と，個別企業の経営力評価の視点の2つから構成される（以下，平成29年2月23日会議資料による）。まず，図表4―4を参照されたい。

　(1)　第1段階として，ローカルベンチマークでは，地域の経済・産業の現状と見通しを把握する。その場合，把握すべきデータとして，地域の産業構造，雇用状況，内外の取引の流れ，需要構造などが例示される。

　(2)　第2段階では，個別企業の経営力評価と経営改善に向けた対話を行う。その場合，情報として，「財務情報」と「非財務情報」との情報収集が必要になる。財務情報は，決算数値のように企業の過去的業績や実態を示すのに対して，非財務情報は，計量化困難ではあるが，企業の将来の成長可能性など評価するのに役立つ情報である。

図表4—4　ローカルベンチマークの概要

第1段階：地域の経済・産業の現状と見通しの把握	
把握すべきデータの例示	・地域の産業構造 ・雇用状況 ・内外の取引の流れ ・需要構造　等

財務情報：企業の過去の姿を映すもの
非財務情報：企業の過去から現在までの姿を映し，将来の可能性を評価するもの

第2段階：個別企業の経営力評価と経営改善に向けた対話	
情報収集	財務情報：企業の過去の姿を映すもの 非財務情報：企業の過去から現在までの姿を映し，将来の可能性を評価するもの
ライフステージと取引方法	○創業～成長段階⇒担保に頼らず融資 ○中長期的な衰退が見える段階→早めに気づき，対話・支援 ○衰退～再生段階→再編・廃業支援

資料：経済産業省（2017），「知的財産政策におけるローカルベンチマークの活用について」平成29年2月23日資料，4頁を参考に，筆者が作図し直したものである。

　そこで，収集した情報を用いて，企業のライフステージに即して次のような取組みが可能となる。

① 創業～成長段階では，金融機関等は担保に頼らず融資を行うことができる。

② 中長期的な衰退が見える段階，例えば黒字ながら先細りが見えたり，潜在的成長力がありながら苦戦している状況等では，早めに気づき，対話・支援を図る。

③ 衰退・再生段階では，企業の再編・廃業支援が必要になる。

　次に，第2段階では，財務情報と非財務情報を用いて，企業の経営力や事業性を理解し，個別企業の経営力の評価と改善に向けた対話が行われる（以下，経済産業省［2017］の資料による）。

【財務情報】

財務情報として，次の6つの指標が示される。

① 売上持続性指標としての「売上高増加率」：（（売上高÷前年度売上高）

　－1)
　　・キャッシュフローの源泉
　　・企業の成長ステージの判断に有用な指標
②　収益性指標としての「営業利益率」：（営業利益÷売上高）
　　・事業性を評価するための本業の収益性を測る重要指標
③　生産性指標としての「労働生産性」：（営業利益÷従業員数）
　　・成長力，競争力等を評価する指標。キャッシュフローを生み出す収益性
　　　の背景となる要因
　　・本来，「従業員の単位労働時間あたり」の付加価値額等で計測。
④　健全性指標としての「EBITDA有利子負債倍率」：（借入金－現預金）
　　÷（営業利益＋減価償却費）
　　・有利子負債がキャッシュフローの何倍かを示す指標
　　・有利子負債の返済能力を測る指標
⑤　効率性指標としての「営業運転資本回転期間」：（売上債権＋棚卸資産－
　　買入債務）÷月商）
　　・売上増減に対する運転資本の増減を計測
　　・取引条件の変化による必要運転資金の増減を把握するための指標
⑥　安全性指標としての「自己資本比率」：（純資産÷総資産）
　　・総資産のうち，返済義務のない自己資本が占める比率

　以上の財務情報を用いて，財務分析をチャート形式で示したのが，図表4―
5である。

【非財務情報】

　非財務情報は，企業の将来的成長可能性を評価しようとするものであり，次
の4つの視点が示される。
　第1に，「経営者への着目」（経営者能力）であり，経営者自身のビジョンや
経営理念，後継者の有無等が含まれる。
　第2に，「事業への着目」（事業性能力）であり，事業の商流，ビジネスモデ

図表 4—5　ローカルベンチマークと財務分析

■　財務指標

指標	算出結果	貴社点数	業種平均値	業種平均点数
①売上増加率	1.4%	2	3.7%	3
②営業利益率	1.5%	3	1.5%	3
③労働生産性	446（千円）	2	752（千·円）	3
④EBITDA 有利子負債倍率	2.1（倍）	5	6.4（倍）	3
⑤営業運転資本回転期間	1.3（ヵ月）	3	1.2（ヵ月）	3
⑥自己資本比率	35.4%	4	26.5%	3
総合評価点		19	B	

* 総合評価のランクは A:24 点以上，B:18 点以上 24 点未満，C:12 点以上 18 点未満，D:12 点未満

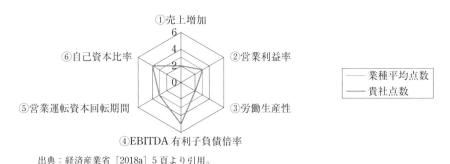

出典：経済産業省［2018a］5 頁より引用。

ル，製品・サービスの内容，製品原価，市場規模・シェア，競合他社との比較，技術力，販売力の強み・弱み，IT 能力，イノベーション能力等が例示される。

　第 3 に，「関係者への着目」（ネットワーク能力）であり，顧客リピート率，従業員定着率，金融機関との対話などがあげられる。

　第 4 に，「内部管理体制への着目」（内部管理能力）であり，これには組織体制，人事育成システムなどが含まれる。

　以上，第 1 は人的資産，第 2 と第 4 は構造資産，第 3 は関係資産としての特徴を持つ。

　また，図表 4—6 は，これらの 4 つの着目点について，その考え方と具体的な項目を委員会資料に基づいて一覧表示するものである。

図表4—6 ローカルベンチマークと非財務情報

非財務情報	意義・内容	具体的な項目（例）
▶経営者	▶経営者の優劣が地域企業の優劣を決定づけるので，経営者との対話に際し，「経営者」自身について知ることが重要	▶経営者自身について（地域経済界における立場，経営手腕等） ▶経営者の思い，事業の方向性，ビジョン，経営理念 ▶経営者の再生に対する意識，スタンス ▶後継者の有無
▶事業性	▶事業の持続性の観点から，事業承継の方針の確認 ▶企業の事業性（収益の源泉/事業の仕組み），つまりビジネスモデルの理解，事業の強みと課題の把握，そのための「商流」の把握と経営者との対話 ▶製品・商品単位当たりの原価の把握	▶事業の商流 ▶ビジネスモデル，製品・サービスの内容，製品原価 ▶市場規模・シェア，競合他社との比較 ▶企業および事業の沿革 ▶事業用資産と非事業用資産の区別，事業用資産の有効活用 ▶技術力，販売力の強みと課題 ▶取引先数，分散度 ▶企画から商品化までのスピード，一単位当たりの生産時間 ▶ITの能力，イノベーションの状況
▶市場・労働・金融環境	▶企業を取り巻く市場環境の把握 ▶従業員に関する行為目標の企業間比較と「見える化」 ▶金融機関の数と推移，金融機関との対話の頻度・内容	▶顧客リピート率，主力取引先企業の推移 ▶従業員定着率，従業員勤続日数，従業員の平均給与，年齢構成 ▶取引金融機関数とその推移，金融機関との対話の状況
▶内部管理体制	▶内部管理体制の整備状況について，経営目標の社内共有化の共有化，会議の質，必要な人材の適切な配置，育成システム，コンプライアンス上の問題の有無等	▶同族企業か否か，社外取締役の設置状況，組織体制 ▶経営目標の有無と共有状況 ▶人材育成の方法，システム ▶社内会議の実施状況 ▶コンプライアンス上の問題の有無

出典：経済産業省［2018a］（非財務ヒアリングシート・チェック項目例），12頁より引用。

(3) ローカルベンチマークの活用実態

【ローカルベンチマークの活用フロー】

経産省「ローカルベンチマーク活用マニュアル」（2018年4月改訂版）では，

ローカルベンチマークは「企業の健康診断ツール」であるとともに，企業と金融機関など支援機関上の「対話ツール」として活用される。その活用プロセスは，大きく次の6つのフローをなす（以下，同上「ローカルベンチマークの活用例」に依拠している）。

① ステップ1：活用先の選定―ローカルベンチマークの第一段階に相当する。地域にとって必要性が高い企業，当該機関にとって重要な企業，事業承継を予定している企業等が選定の対象となる。

② ステップ2：趣旨の説明―対話に入る前の準備段階であり，対話の目的や実施スケジュール，参加メンバー等について説明が行われる。

③ ステップ3：対話の実施―対話の実施段階である。これには決算書による財務傾向の把握，商流や業務フローの把握，非財務の4つの視点の把握等が行われる。

④ ステップ4：見える化・課題の整理―対話結果を共有する段階である。そこでは強みや課題の把握，経営者と当該機関の認識の共有，経営見通しを行うツールとしての活用が想定される。

⑤ ステップ5：課題解決の実行―当該企業が経営改善に取り組む段階であり，そこでは実施目的，実施内容／支援機関（者），実施機関等が明示化される。

⑥ ステップ6：レビュー―継続的な対話が行われる段階であり，課題解決の進行状況，現状把握と将来目標，さらには新たな課題の把握と対応策等が確認される。

以上，経済産業省［2018a］に即して，ローカルベンチマークの活用フローを図示したのが，図表4―7である。

【対話の実施ポイント】

経済産業省［2018a］は，ローカルベンチマークの活用にあたって「対話のコツ」を次のように述べている（14-15頁）。

① 「何を行うかについて企業と当該機関が共通認識をもつ」：上記の活用フロー「ステップ2（趣旨の説明）」において，「何のために」，「なぜ行う

図表4─7　ローカルベンチマークの活用フロー

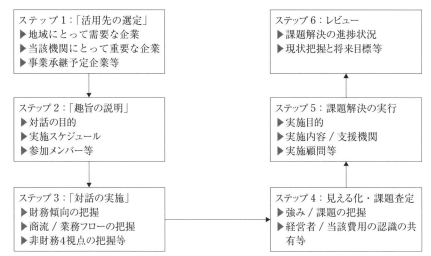

ステップ1：「活用先の選定」
▶地域にとって需要な企業
▶当該機関にとって重要な企業
▶事業承継予定企業等

ステップ6：レビュー
▶課題解決の進捗状況
▶現状把握と将来目標等

ステップ2：「趣旨の説明」
▶対話の目的
▶実施スケジュール
▶参加メンバー等

ステップ5：課題解決の実行
▶実施目的
▶実施内容／支援機関
▶実施顧問等

ステップ3：「対話の実施」
▶財務傾向の把握
▶商流／業務フローの把握
▶非財務4視点の把握等

ステップ4：見える化・課題査定
▶強み／課題の把握
▶経営者／当該費用の認識の共有等

出典：経済産業省［2018a］「ローカルベンチマーク活用の流れ（例）」に基づき，筆者が一部加筆・修正のうえ引用。

か」，「どの程度の時間で，何をするか」という対話の目的と理由，時間と内容を明確にする。

② 「対話のコツ」：次に「ステップ3（対話の実施）」では，自分の知らないこと，疑問に思ったことを正直に聞くとともに，聞き取った内容をストーリーとして繋げることが肝要である。また，仮説をぶっつけることがコミュニケーションの1つとして重要になる。

③ 「場の活用」：同じく「ステップ3」では，製造現場の見学など現場を生かした対話が勧められる。それによって顧客の商流や業務フロー，ガバナンスなどを明確に認識することができる。

④ 「相手を工夫する」：また，対話の実施プロセスでは対話の目的に応じて経営者のみならずその他の経営者や後継者，従業員との対話相手を工夫しなければならない。

⑤ 「対話結果を共有する」：「ステップ（見える化・課題の整理）」段階では，ローカルベンチマークを作成し終えた際に，現状認識を企業と共有するために，作成したシートを共有し，企業と金融機関・支援機関との間で

共通の認識をもち，改善に向けた取組みを検討する。

⑥　「継続した取組みにする」：「ステップ6（レビュー）」プロセスでは，把握した課題への対応状況を確認し，新たな現状を把握するために，継続して定期的に対話を行うことが重要である。

(4)　ローカルベンチマークと事業性評価

以上，ローカルベンチマークを特徴づけるとすれば，次のように要約的に言える（経済産業省［2018a］）」）。

①　「入口」の側面において，ローカルベンチマークは，経営者が自ら現状を把握し，金融機関等との対話を勧めることによって，課題を認識し，その後の行動につなげるための「きっかけ」ないし「たたき台」をなし，事業性評価の「入口」となる。

②　「活用」の側面に関して，企業経営者が自らの経営を振り返り，経営判断の参考として，経営力と金融機関等のステークホルダーとの「対話力」を高める手段となる。

③　「出口」の側面において，ローカルベンチマークの活用によって，企業の事業内容や成長性等に関して実態を把握することによって，支援機関等によって適切な支援策を提案し，実行することができる。

④　「効果」の側面から，ローカルベンチマーク活用によって，経営者が自らの経営を見直し，経営を改善することによって，付加価値と新たな雇用を創出するという効果をもたらす（図表4—8参照）。

ローカルベンチマークと事業性評価とは，ローカルベンチマークが事業性評

図表4—8　ローカルベンチマークの4つの側面

出典：経済産業省［2018b］を参考に，筆者が作図。

価の「入口」をなすという関係にある。企業の経営者が自社の経営状態を把握する，いわば「健康診断」を行うツールとしてローカルベンチマークを活用し，経営者と金融機関・支援機関とが同じ目線で対話を行い，企業の事業性評価を推進することができる。とくにローカルベンチマークは，主要な財務データに基づき，精緻な財務分析シートを提供する点で，財務的側面からの企業診断に大いに役立つことは疑問の余地がないであろう。それに対して，非財務的側面からは，4つの視点から非財務ヒアリングシートを設け，事業性評価に役立つ非財務情報をヒアリングシートに用いて明示化できるようにした点も従来にない画期的な試みといえる。このように，ローカルベンチマークは，事業性評価のための予備的手法として，企業と金融機関等の対話を促進しようとした点は重要である。対話ツールとしてのローカルベンチマークと事業性評価とが，一体となって企業の「健康診断」がより促進することが期待されよう。

4

第**3**節
事業性評価の定量的モデル

(1) 主観的評価と客観的評価

　ドイツの事業性評価に相当する将来利益獲得能力モデル（ECI™）の特徴は，第1に評価を短・中・長期の時間軸に立って行うこと，第2に短期評価を財務項目によって行うのに対して，注・長期では非財務項目を用いて行うなど，財務項目と非財務項目の統合的活用を図っている点である。財務項目は客観的評価に焦点が置かれるのに対して，非財務項目の多くは主観的評価によらざるを得ない。企業の事業性評価にも客観的評価と主観的評価が併用される。

　企業業績の評価方法の相違について，ごく大まかに示せば次の通りである（Zulkiggli & Perera［2011］p.4）。

　▶指標として，主観的評価は全体的業績指向であるのに対して，客観的評価は実際の財務指向である。

　▶評価基準として，主観的評価では競合者（業種）に対する相対評価が求められるのに対して，客観的評価では絶対額による財務データが求められる（従業員あたり利益等）。

　▶評価尺度として，主観的評価では「著しく劣っている」から「著しく優れている」，「業界でワースト」から「業界でベスト」の段階的尺度がとられるのに対して，客観的評価ではそのような尺度は用いられない。

　企業の業績評価の場合，とくに中小企業経営者は正確な客観的データを提供したがらないので，客観的財務データの入手は概して容易ではない（Zulkiggli & Perera［2011］p.3）。しかも，課税目的のためにデータを操作することも少なくない。したがって，企業の業績評価ではしばしば全般的主観的評価が採用される。これらの主観的評価が用いられる場合，業界の相対的業績値をベンチ

マークとして利用することができるので，業種，時間軸，経済状況など個々の企業やコンテクストにわたって比較することができる。

　企業業績は，企業の価値創出プロセスのアウトプットである。それをもたらすのは経営者の戦略であり，リーダーシップである。それを支えるのが人的資産（従業員等），構造資産（組織・知識・システム・データベース等），および関係資産（顧客・供給業者等）といった無形資産（インタンジブルズ）である。これらの多くは財務書類には表れないオフバランスの非財務項目である。企業，とくに中小企業の業績が経営者や技術者などの無形価値に大きく依存していることから，それをいかに効果的かつ効率的に管理・運用するかが重要である。金融機関の融資形態として展開されつつある事業性評価ファイナンスは，これらの非財務項目の主観的評価力，つまり「目利き力」による融資にほかならない。

(2)　非財務評価項目の区分と体系

4

　企業の非財務評価項目のコアとなるのは，広く知的資産（Intellectual Capital : IC）である。IC とは，ごく大まかに言えば，「事業体の将来的成功に必要不可欠で，伝統的バランスシートには計上されないすべての要素」（Jacobsen et al. [2005] p.571）をいう。ここでは，IC 評価モデルを次の 3 つに区分して，体系づけておこう（併せて，本書第 2 章第 1 節を参照されたい）。

▶組織的構造資産（organizational structural capital）

▶人的資産（human capital）

▶関係的構造資産（relational structural capital）

まず，図表 4—9 において IC 評価モデルの全体像を示しておきたい。

以下，各主要項目の特徴は，次の通りである（以下，Jacobsen et al. [2005] pp.571-575 を参照）。

【人的資産】

IC モデルのコア要素をなすのが，人的資産である。これには，従業員の知

156

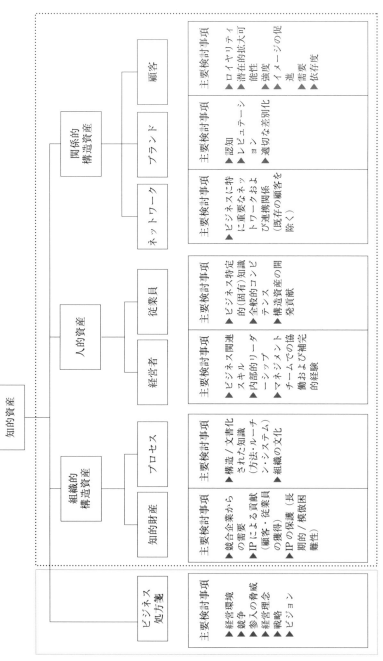

図表 4−9　IC モデルの体系図

出典：Jacobsen et al.［2005］p.572。

識，スキル，能力，革新力や経験等が含まれている。企業は自社の発展に役立つ知識労働力や特殊能力をもった人材を獲得しようとする。これらの知識やスキルを組織で活用することによって，その知識やノウハウがグループ・メンバーに伝承され，組織内に蓄積される。これは人的資産から組織的構造資産への転化である。これらの構造資産には，企業実践や方法，プロセスなどが含まれ，それが一体となって企業の競争優位性をもたらす。

　人的資産には，大きく「経営者」と「従業員」に区分される。IC 全体の視点から IC の最適化を図るのが経営者の役割であるのに対して，この IC に貢献するのが従業員である。マネジメントと能力としては，リーダーシップの質やコミュニケーション・スキル，戦略スキルが重要な評価ポイントとなる。それに対して，従業員の評価項目としては，ロイヤリティ，モチベーション，コンピテンスや経験等が挙げられる。

【構造資産】

　IC 評価モデルでは，構造資産として大きく次の 2 つが考えられる。1 つは，「知的資産（intellectual property）」であり，他の 1 つは「プロセス資産（process capital）」である。知的財産は，特許やライセンス，商標（トレードマーク）等が含まれる。これらは市場で売買でき，取得企業は独占権が付与されることから，一定期間にわたって大きな競争優位性をもつ。また，プロセス資産としてすべての内部的プロセス（採用プロセス，マーケティング・プロセス等），モデル（ツール，方法等），IT システムおよび文書などが含まれる。この場合，文書などのプロセスが整備されているとしても，どの程度プロセスが活用されているかさらなる検討を要する。

　IC マネジメントの観点から，人的資産，構造資産および関係資産は相互に密接な関係をもつ（*Ibid.*, pp.573-574）。人的資産の知識・スキルが企業内に蓄積されて構造資産に転化される。また，顧客関係を促進するためには人材育成が必要である。これらの 3 つの資産が相互に連携し合って，企業の価値創造が推進される点に留意されたい。

【関係資産】

関係資産は，次の 3 つの要素からなる（*Ibid.*, p.574）。

▶ネットワーク（供給業者，流通業者，政治団体等）：企業は必要なすべて
　のネットワークをもっているが，それらを最善の方法で活用しているか，
　ネットワークによってコンピテンス，メディア等へ接近できるか。

▶ブランド（企業ブランド）：態度，好み，名声等を含む。企業名は知られ
　ているか，ターゲット・グループによる企業への信頼は高いか，市場でブ
　ランド名による競争優位性は高いか。

▶顧客：企業にとって最も重要な競争優位性の源泉の 1 つである。ロイヤリ
　ティをもった顧客であるか，また，そうだとすればどのくらいの期間か。
　当社は彼らと親密な関係をもっているか。企業は顧客との関係が親密にな
　ればなるほど，取引先企業を変更しにくくなる。

　以上，人的，構造および関係の 3 つの基本的構成要素は相まって企業の「オ
ペレーショナな有効性」を構築する。これらが IC 評価モデルとしてうまく運
用されるためには，戦略的なコンテクスト（脈絡）の中で評価されなければな
らない。これが IC 評価モデルの中で「ビジネス処方箋」として位置づけられ
るものである。ビジネス処方箋は，①ビジョン／ミッションおよびビジネス・
アイディア（ビジョンの詳細な解決策や競争優位性の方策等），②ビジネス戦
略，および③ビジネス環境／ビジネス状況の 3 つの項目から構成される。

（3）　IC 評価の 3 つの基準

　IC 評価モデルでは，企業の知的資産を次の 3 つの異なった視点つまり，「有
効性」，「リスク」および「発展可能性」について評価する（Jacobsen et al.
[2005] p.576）。

①　有効性（effectiveness）：組織が現在，どの程度業績をあげているか，無
　　形資源を最適方法で活用しているかどうかに注目する。

②　リスク（risk）：現在の有効性について，どのような脅威があるか，ま
　　た，脅威が発生する可能性がいかほどかに注目する（例，必要不可欠な従

業員が退職する可能性はいかほどか)。

③ 更新と発展能力 (renewal and development):現在の有効性を更新し，発展させる能力に注目する。そこでは，イノベーションと製品開発，従業員の教育・開発等が評価対象となる。

伝統的会計は過去に注目して将来を予測しようとする。それに対して，IC評価モデルは，現在時点での組織の有効性とそのリスク，および将来の更新・発展可能性を見ようとする点で「現在から将来」指向的である。図表4—10は，3つの視点を示している。

図表4—10　IC評価の3つの視点

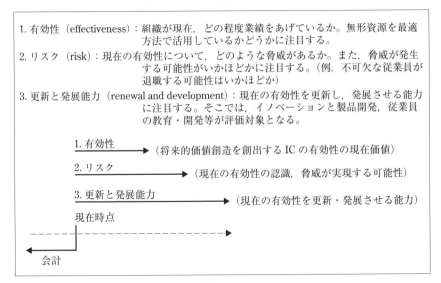

1. 有効性 (effectiveness):組織が現在，どの程度業績をあげているか。無形資源を最適方法で活用しているかどうかに注目する。
2. リスク (risk):現在の有効性について，どのような脅威があるか。また，脅威が発生する可能性がいかほどかに注目する。(例．不可欠な従業員が退職する可能性はいかほどか)
3. 更新と発展能力 (renewal and development):現在の有効性を更新し，発展させる能力に注目する。そこでは，イノベーションと製品開発，従業員の教育・開発等が評価対象となる。

　　　1. 有効性　　　　　　(将来的価値創造を創出するICの有効性の現在価値)

　　　2. リスク　　　　　　　(現在の有効性の認識，脅威が実現する可能性)

　　　3. 更新と発展能力　　　　　(現在の有効性を更新・発展させる能力)

　　　現在時点

　　会計

出典：Jacobsen et al.［2005］p.576を一部修正。

(4)　実施方法

IC評価の主な情報ソースは，対象企業について最も熟知した内部・外部のステークホルダーである。内部的ステークホルダーとして，従業員や経営者，また，外部的ステークホルダーとして顧客や提携企業，政府団体等を対象とし

て深みのあるパーソナル・インタビューを行う。それに基づき，8段階法を用いて回答を得，回答結果について詳細な説明を求める。評価の複雑さによるが，通常，完結するのに4～6週間を要する（Jacobsen et al.［2005］p.577）。なお，評価結果は(1)役員レベル，(2)従業員レベル，および(3)回答者レベルで作成される。参考までに，図表4—11は役員レベルでのIC評価尺度を示している。ある評価ファクターについて，有効性，発展可能性（更新性），およびリスクを表示している。これを図示したのが，図表4—12である。

(5) 事業性評価の計量的実践モデル：事業性評価教育振興会モデル

先に述べたドイツモデルを参考に，わが国の企業環境に適合するように作成したのが，（一般社団法人）事業性評価振興会 KST（古賀・榊原・高橋）モデルである（古賀［2018］9-10頁）。本モデルの大まかな特徴は，次の通りである。

①　企業の将来業績に大きな影響を及ぼす評価項目として財務関連18項目，非財務関連36項目，計54項目を抽出し，それらを5段階で評価する。

②　「事業推進能力（発展可能性）」および「事業リスク（継続可能性）」の2つの尺度により，企業の将来業績を予測する評価結果を「短期」（1年度未満），「中期」（1～3年度），および「長期」（3～7年度）の3つの時間軸に区分して9段階で評価する。

③　54の評価項目について「項目間調整指数」，将来の利益獲得能力評価への「寄与度」や安定した事業継続評価への「リスク要因指数」を考慮して評価モデルをより実践的かつリアリティあるものにするなど工夫している。

まず，第1ステップとして，企業の将来業績に重要な影響を及ぼすと思われる評価項目として，財務関連項目，非財務関連項目を抽出する。企業の業績に対する有効性規準として，例えば図表4—13のような項目が例示される（Jacobsen et al.［2005］, p.572）。非財務関連項目として，経営者，プロセス（価値創造），市場・顧客，従業員，知的財産，ネットワーク，これに財務情報を

図表 4―11　IC 評価基準／尺度

（例）従業員

有効性	発展可能性	リスク
AAA － 極めて高い有効性	AAA － 極めて強い更新能力	－ 有効性低下リスクなし
AA － 非常に高い有効性	AA － 非常に強い更新能力	R － 一定程度の有効性低下リスク
A － 高い有効性	A － 強い更新能力	RR － 高い有効性低下リスク
BBB － 比較的高い有効性	BBB － 比較的強い更新能力	RRR － 極めて高い有効性低下リスク
BB － 平均的な有効性	BB － 平均的更新能力	
B － 比較的低い有効性	B － 比較的低い更新能力	
CCC － 低い有効性	CCC － 低い更新能力	
CC － 非常に低い有効性	CC － 非常に低い更新能力	
C － 極めて低い有効性	C － 極めて低い更新能力	
D － 有効性なし	D － 更新能力なし	

出典：Jacobsen et al.［2005］p.577.

図表 4―12　評価サンプル

4

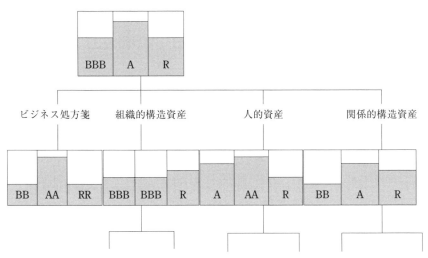

出典：Jacobsen et al.［2005］p.578, 一部加筆・修正。

162

図表 4−13　個別評価項目の体系

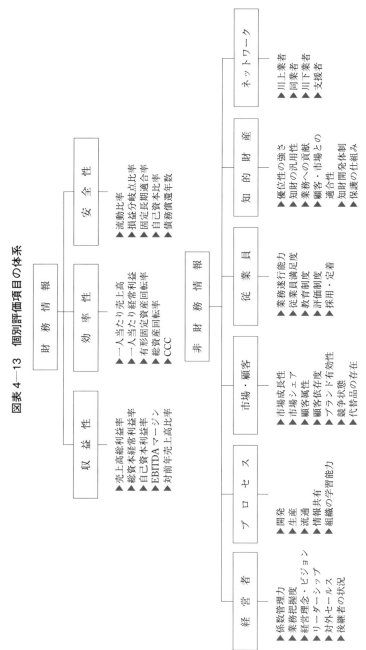

財　務　情　報

収　益　性
▲ 売上高総利益率
▲ 総資本経常利益率
▲ 自己資本利益率
▲ EBITDAマージン
▲ 対前年売上高比率

効　率　性
▲ 一人当たり売上高
▲ 一人当たり経常利益
▲ 有形固定資産回転率
▲ 総資産回転率
▲ CCC

安　全　性
▲ 流動比率
▲ 損益分岐点比率
▲ 固定長期適合率
▲ 自己資本比率
▲ 債務償還年数

非　財　務　情　報

経　営　者
▲ 係数管理力
▲ 業務把握度
▲ 経営理念・ビジョン
▲ リーダーシップ
▲ 対外セールス
▲ 後継者の状況

プ　ロ　セ　ス
▲ 開発
▲ 生産
▲ 流通
▲ 情報共有
▲ 組織の学習能力

市場・顧客
▲ 市場成長性
▲ 市場シェア
▲ 顧客属性
▲ 顧客依存性
▲ ブランド有効性
▲ 競争状態
▲ 代替品の存在

従　業　員
▲ 業務遂行能力
▲ 従業員満足度
▲ 教育制度
▲ 評価制度
▲ 採用・定着

知　的　財　産
▲ 優位性の強さ
▲ 知財の汎用性
▲ 業務への貢献
▲ 顧客・市場との
　適合性
▲ 知財開発体制
▲ 保護の仕組み

ネットワーク
▲ 川上業者
▲ 同業者
▲ 川下業者
▲ 支援者

出典：Jacobsen et al.［2005］p.572, Figure1. 事業性評価研究会「事業性評価報告書」より加筆・再構成。

加えて，有効性評価項目を体系づけた。評価者は，各評価項目について，1〜5 の 5 段階で評価を行う。

　これら個別評価の主要 9 項目について，それぞれ 10 点尺度で前期と今期の比較形式で要約的に示される（図表 4—14 参照）

　第 2 ステップは，縦軸に先に述べた「財務項目」と「非財務項目」それぞれの評価基準毎に個別評価を行うとともに，横軸に現在および将来（短・中・長期）の時間軸への影響について期間毎の評価を行い，最終的には 9 段階評価（AAA, AA, A, BBB, BB, B, CCC, CC, C）による総合評価を行う。その基礎データとなるのが「事業性評価—KST 方式®」である。その概要は，図表 4—15 に示されている。

　本ワークシートについて，次の点に留意されたい。

▶評価項目について，財務 18 項目（本書第 4 章に記載のドイツモデル「短期」評価に相当），非財務 18 項目（同「中期」），非財務 18 項目（同「長期」）として，評価項目数による偏りが排除されている。各項目につき 5 段階評価を行う。

▶ドイツモデルに倣って，項目間の重要度の差異を評価結果に反映させるために，原評価（各項目の 5 段階評価：ワークシート「有効性の原評価」欄参

図表 4—14　主要 9 項目の個別評価要約

評　価　内　容		前期評価	今期評価
個別評価（財務情報）	収益性	7.4	8.8
	効率性	7.6	7.6
	安全性	2.5	2.8
個別評価（非財務情報）	経営者	5.0	3.7
	従業員	4.0	3.6
	プロセス（価値創造）	7.2	8.8
	知的財産	4.0	3.4
	市場・顧客	7.1	7.7
	ネットワーク	2.8	3.0

出典：事業性評価振興会「事業性評価報告書」より加筆・一部抜粋して引用。

図表4—15　事業性評価ワークシート

			現　　在			短期（現在〜約1年後）		
			有効性の原評価（5段階評価）	項目間重要度調整指数(1〜5,合計162を配分)	調整後有効性総合スコア	寄与度(1〜5,合計162を配分)	スコア（=現在の有効性×寄与度）	リスク要因指数(0〜5,合計上限なし)
財　務	収益性	①対前年売上高比率	……	……	……	……	……	……
		②売上高営業利益率	……	……	……	……	……	……
	効率性	……	（以下，省略）			（以下，省略）		
		……						
	安全性	……						
		……						
非財務	経営者	①経営理念	……	……	……	……	……	……
		②事業戦略	……	……	……	……	……	……
		③経営組織	……	……	……	……	……	……
	従業員	……	（以下，省略）			（以下，省略）		
		……						
		……						
	プロセス	……						
		……						
		……						
	知的財産	……						
		……						
		……						
	市場・顧客	……						
		……						
		……						
	ネットワーク	……						
		……						
		……						

出典：事業性評価振興会「事業性評価-KST方式®」に基づき，一部抜刷引用。

	中期（約 1 年後〜約 3 年後）				長期（約 3 年後〜約 7 年後）			
ス コ ア（＝（6 − 現在の有効性）× リスク要因指数）	寄与度（1 〜 5, 合計 162 を配分）	ス コ ア（＝現在の有効性 × 寄与度）	リスク要因指数（0 〜 5, 合計上限なし）	ス コ ア（＝（6 − 現在の有効性）× リスク要因指数）	寄与度（1 〜 5, 合計 162 を配分）	ス コ ア（＝現在の有効性 × 寄与度）	リスク要因指数（0 〜 5, 合計上限なし）	ス コ ア（＝（6 − 現在の有効性）× リスク要因指数）
……	……	……	……	……	……	……	……	……
……	……	……	……	……	……	……	……	……
	（以下，省略）					（以下，省略）		
……	……	……	……	……	……	……	……	……
……	……	……	……	……	……	……	……	……
……	……	……	……	……	……	……	……	……
		（以下，省略）				（以下，省略）		

4

照）に対して，1〜5の5段階指数を乗ずることによって現在総合評価に
対する影響度合いが調整される（「項目間重要度調整指数」の設定，なお，こ
こでは合計 162（1〜5の中央値3×54））が配分される。

▶ 現在有効性の原評価に項目間重要度調整指数を乗ずることによって，「調
整後有効性総合スコア」が算出される。

▶ さらに，ドイツモデルに倣って，財務と非財務のそれぞれのカテゴリー内
の諸項目間の相対的重要性とともに，「寄与度」という係数を用いて，諸
項目の短期・中期・長期の時間軸への影響度が考慮される。具体的には，
54 の評価項目について，企業の事業性を評価する際に「重要性が高い」
と考えるもの 18（+1）と，「重要性が低い」と考えるもの 18（-1）を選定
し，現時と短期・中期・長期の期間毎に，各 54 の評価項目の（+1.-1）を
合計して，高いものから順に「寄与度」として（5〜1）の数値を割り当て
る。同様に，各 54 の評価項目に対しても，短期・中期・長期にわたっ
て「リスク要因指数」（0〜5）を割り当て，期間毎にスコア（＝（6-現在の
有効性）×リスク要因指数）が算定される。

以上，ワークシートによる個別評価データについて，「事業推進能力」と

図表 4─16　事業性評価─総合評価

評　価　内　容		前期評価	今期評価	短期	中期	長期	…
総合評価	事業推進能力	B	BB	BBB	B	C	…
（事業性評価）	事業リスク	・	・	MM	H	HH	…

事業推進能力及び事業リスクの評価に関しては，事業性評価－KST方式®を用いて算出している	

出典：事業性評価振興会「事業性評価報告書」評価結果要約：総合評価より一部修正・引用。

「事業リスク」の 2 つの側面から，現在と将来（短・中・長期）のカテゴリー毎に 9 段階で総合評価を行ったのが，図表 4―16 である。

なお，企業の成長力を評価する専門家である事業性評価士によって作成された報告書簡略版サンプルを章末（169 頁）に掲載したので参照願いたい。

＊事業性評価教育振興会 KST モデルは，古賀智敏（K）・榊原茂樹（S）・高橋靖典（T）の 3 名によって開発し，商標登録を行ったものである。神戸大学名誉教授・榊原茂樹先生，中小企業診断士・事業性評価士の高橋靖典氏のご協力に謝意を表したい。なお，本セクションでは，機密保持の観点から可能な限度の内容開示を行うものであるが，商業目的などの私的使用には厳にご配慮をお願い申し上げたい。

〈主要参考文献〉

Edvinsson, L. and M. Kivikas［2007］, "Intellectual capital（IC）or Wissensbilanz process: some German experiences," *Journal of Intellectual Capital*, Vol.8 No.3, pp.376-385.

Jacobsen, K., P. Hofman Bang and R. Norby Jr.［2005］, "The IC Rating TM model by Intellectual Capital Sweden," *Journal of Intellectual Capital*, 6（4）.

古賀智敏［2011］「企業情報開示の新たな展開―財務情報と非財務情報の統合化の可能性と課題」『税経通信』12 月号, 17-21 頁。

―――――［2014］『知的資産の会計（改訂増補版）』千倉書房。

―――――［2018］「知的資産を活かした事業性評価ファイナンスの活性化に向けて」『月間信用金庫』9 月。

―――――［2018］「知的資産を生かした事業性評価ファイナンスの活性化に向けて」『月刊全国信用金庫』第 9 号。

古賀智敏・島田佳憲［2011］「企業の競争優位性と知的資産情報開示のあり方」, 古賀智敏編著『IFRS 時代の最適開示制度』千倉書房, 153-173 頁。

経済産業省［2016］「ローカルベンチマークについて」
〈https://www.meti.go.jp/committee/kenkyukai/sansei/local_bench/pdf/001_03_01.pdf〉

経済産業省［2017］「知的財産政策におけるローカルベンチマークの活用について」平成 29 年 2 月 23 日資料。

―――――［2018a］「ローカルベンチマーク「参考ツール」利用マニュアル」〈https://www.meti.go.jp/policy/economy/keiei_innovation/sangyokinyu/locaben/manyuaru201805.pdf〉

―――――［2018b］「ローカルベンチマーク活用行動計画 2018（平成 30 年 5 月）」〈https://www.meti.go.jp/policy/economy/keiei_innovation/sangyokinyu/locaben/actionplan2018r.pdf〉

　　　　　［2019］「知的財産政策におけるローカルベンチマークの活用について」
〈https://www.kantei.go.jp/jp/singi/titeki2/tyousakai/kensho_hyoka_kikaku/2017/dai3/siryou3_6.pdf〉

櫻井通晴［2011］『コーポレーション・レピュテーションの測定と管理』同文舘出版。

日本経済再生本部［2014］「日本再興戦略（改訂 2014）―未来への挑戦―」
〈https://www.kantei.go.jp/jp/singi/keizaisaisei/pdf/honbun2JP.pdf〉

首相官邸［2016］「未来投資に向けた官民対話」第 4 回
　〈https://www.kantei.go.jp/jp/singi/keizaisaisei/kanmin_taiwa/dai4/gijiyousi.pdf〉
─────［2017］「新しい経済政策パッケージ」
　〈https://www5.cao.go.jp/keizai1/package/20171208_package.pdf〉
武田隆二［2005］「第 32 回 TKC 全国役員大会／ TKC 全国会会長講演・講演資料」
The International Integrated Reporting Committee（IIRC）［2011］, *Towards Integrated Reporting: Communicating Value in the 21st Century*.
Wulf, I., G. Pfeifer and M. Kivikas［2009］, "The Earnings Capability Index（ECI™）for Managing Intangibles in SME," presentation paper at the 5th EIASM Workshop on Visualizing, Measuring and Managing Intangibles and Intellectual Capital.
Zulkiggli, S. and N. Perera［2011］, "A literature analysis on business performance for SMEs-subjective or objective measures?," *University of Wollongong, Research on line*.

【事業成長力の評価レポート】

企業名：株式会社ABC工業

2020年1月21日

※ この報告書は、企業の成長力を評価する専門家である事業性評価士によって作成されています。

I 現状評価

A. 総合評価

評価項目	前回評価	今回評価	短期将来	長期将来
事業成長力	5	6	6	4

分析結果（KST方式）：現行事業の市場環境悪化により短期将来の成長性は下がるが、新規事業展開により、長期的には発展する。

（グラフ：前回評価・今回評価・短期将来・長期将来／事業成長力）

B. 個別評価

（レーダーチャート：経営者・プロセス・知的財産・顧客・市場・顧客・ネットワーク）

評価項目	評価	強さの秘密（自動表記）
経営者	6	・自社財務について十分に把握している ・自社業務について十分に把握している ・リーダーシップを発揮している
従業員	3	・従業員満足度は比較的高い ・教育の機会は提供されている ・定着率は比較的高い
プロセス	8	・コスト低減への取り組みがさかんである ・品質管理の仕組みがある ・納期対応力は比較的高い
知的財産	3	
市場・顧客	5	
ネットワーク	5	

II 成長への展望

A. 競争力の源泉

知的資産		強さ	成長力の秘密
人的資産	リーダーシップ	B	・社長の高い営業能力が、これまでの成長を支えてきた。 ・次のステージに飛躍するには、営業社員の採用と教育が必要。
構造資産	製品品質	A	・航空機産業製品で培った製造技術が、当社製品の高い品質につながっている。 ・また、様々な用途を持つ技術人材が、技術の応用性を高めている。
関係資産			

B. 成長のための処方箋

処方箋
①社長に頼らない組織的な営業体制の確立（量の向上） ②双方向の営業会議を行うなど、営業スキルの伝承をする（質の向上） ③営業スタッフと開発スタッフとの営業戦略会議の実施
①技術のブランド化の視点から、特許権の取得と営業活動への活用 ②技術の漏洩防止の視点から、技術の応用性を高めて ③コア技術の視点からの差別化、営業ノウハウとしての情報管理体制の強化

C. 対応方針

改善対応
評価者対応
専門家ネットワークの活用
専門家ネットワークの活用

出典：一般社団法人事業性評価振興会の許可のもとで引用。

む　す　び

　本書『企業成長のデザイン経営』は，近年の金融機関を中心に注目されてきた事業性評価のあり方について，単なる中小規模・ベンチャー企業の成長力評価アプローチの問題としてではなく，最新の「デザイン経営」の考え方を援用して，企業の「見えざる競争力」に企業のアイデンティティ（デザイン）としてのブランド価値をもたせて戦力的に活用することによって，企業の更なる競争力の価値を向上させようとするものである。いわば事業性評価経営を金融機関の目利き融資という限定的な役割を超えて，企業の競争力を活用した，より前向きの「攻めの経営」に向けての新たな「事業性評価論」である。

　本書のメインテーマである事業性評価について，今回，本書を刊行するに至ったのは，次のような事情によるものであった。

　第1に，平成26（2014）年政府の「日本再興戦略」報告書及び同年9月の金融庁「金融モニタリング基本方針」の公表以降，地域金融機関等において担保・保証や財務データに過度に依存した融資手法に代えて企業の成長可能性に焦点をおいた事業性評価の重要性が提唱されてきたが，それに対応した理論的・制度的・技術的文献は極めて乏しい。本書は，そのための啓蒙的・技術的ガイダンスのささやかな成果である。

　第2に，事業性評価の制度基盤には，無形価値としての知的資産，その活用プロセスとしてのイノベーションと価値創造プロセス，結果の測定・評価を行う事業性評価の一連の相互関係があるので，事業性評価のみを個別に抽出してスポットライトを当てるのは，その本来の意義と役割を正しく把握しえないのではないかという問題意識である。つまり，事業性評価は，金融機関の融資という限定された世界を対象とした技術的手法の問題として理解されるべきではなく，企業，とくに中小規模企業やベンチャー企業の成長力という経営の根幹的課題を扱う領域であるとの認識が重要であると考える。

　第3に，事業性評価の技術的方法論として定性的方法と定量的方法とがあるが，無形価値の評価を強調する事業性評価の特性から，専ら5段階評価等の区分法に依存するのが支配的である。他方，いまやITやAI（人工知能）が大きく発展し，ビジネスの世界でも広く浸透しつつある。これに対応すべく，本書では評価技法の定量化によるIT化を意識し，新たな事業性評価モデル，KSTモデル（Koga ／ Sakakibara ／ Takahashi モデル）の設計を試みている。本モデルについては，すでにいくつかの適用実績を持ち，将来のIT高度化やAI時代に備えようとしている。

　このように，第1に参考資料としての文献価値を持つ点，第2に「知的資産―イノベーション―事業性評価」の三位一体のダイナミズムとしての位置づけ，また，第3に定量的事業性評価モデルの試み，以上3点に本書の出版の意義と特徴があると考える。

　加えて，本書では事業性評価を単なる狭い専門領域の評価問題とみるのではなく，その目指すところが競争力の向上という「デザイン経営」としてのユニークな見方（詳細は，「はじめに」参照）も本書の特徴をなすことは，繰り返すまでもない。

　出版事情が厳しい中で，本書が誕生できたのは，同文舘出版代表取締役 中島治久氏，同取締役 中島豊彦氏，および同社元編集局長 市川良之氏のご尽力によるものである。本書のタイトルに，「デザイン経営」というキーワードを提案してくださったのは，中島治久氏であり，原稿を丁寧に読み，貴重なコメントをくださったのは，中島豊彦氏であった。さらに制作に際し多大なお力添えとご配慮をくださったのは，市川良之氏であった。記して厚く感謝申し上げたい。

　最後に，KSTモデルの掲載を快諾いただいた共同開発者，神戸大学名誉教授・榊原茂樹氏，中小企業診断士／事業性評価士・高橋靖典氏に加えて，いつも献身的なサポートを惜しまぬ中小企業診断士／事業性評価士・笠井修一氏にお礼申し上げたい。なお同モデルを用いた事例研究と検証作業は，次の課題である。重い宿題をいただいた。

索　引

【あ行】

アプリケーション・ソフトウェア ……… 111
アプリケーション・ツール …………… 51
アプリケーション・プログラム ……… 110
安全性指標 …………………………… 147

(ECI)™ モデル ……………………… 136
　　——の適用可能性 ……………… 139
イノベーション …………… (3), (5), 14,
　　　　　　　　　　　　34, 36, 43, 58
　　——の形態別分類 ……………… 36
　　——の促進 ……………………… 36
　　——の類型化 …………………… 36
　　急進的—— ………………… 38, 41
　　持続的—— ………………… 39, 42
　　進化的—— ……………………… 38
　　製品—— ………………………… 38
　　組織—— ………………………… 38
　　マーケティング・—— ………… 38
イノベーション能力 ………………… 47
インカム・アプローチ ……… 86, 90, 108,
　　　　　　　　　　117, 122, 128, 129
　　——による計算例 ……………… 109
インタンジブル資産 ……………… 98, 99
　　——の評価ステップ …………… 101
　　技術関連—— …………………… 100
　　顧客関連—— …………………… 100
　　データ処理関連—— …………… 112
　　マーケティング関連—— ……… 100
インタンジブルズ ………… 27, 43, 141
　　——・エコノミー ……………… 14

売上持続性指標 ……………………… 146

OECD フレームワーク ……………… 36
オフザシェルフ・ソフトウェア ……… 112
オペレーター・マニュアル ………… 113
オペレーティング・システム ……… 110

【か行】

ガイドライン取引データ ……………… 99
開発戦略 ………………………………… 53
外部コミュニケーション目的 ………… 81
外部販売目的のソフトウェア ……… 112
過去主義・バランスシート健全性指向 … 9
過去的・短期的融資形態 …………… (5)
価値創造プロセス ………………… (1), (2)
価値ドライバー ………………………… 65
カレントな利益状況 …………… 134, 136
関係資産 ………… 29, 39, 58, 69, 157, 158
簡潔性 ………………………………… 141

企業：
　　——の「健康診断」…………… 153
　　——の競争力 …………… 16, 136
　　——の持続可能性 ………………… 2
　　——の将来的利益の獲得能力 …… 76
　　——の成長力 …………………… (5)
　　——の成長力促進の全体的構図 …… (4)
　　——の長期持続的存続 ………… 48
　　——の将来的発展可能性 ……… 141
　　——の変革力 ………………… 136
企業業績 ……………………………… 155
企業競争力の向上 ………………… (1)
技術・開発指向型 …………………… 51
技術開発力 …………………………… 52
技術関連インタンジブル資産 ……… 100
技術関連（の）知的資産 ……… 102, 104
　　——の評価 ……………………… 104
技術の優位性 ………………………… 70
期待価格 ……………………………… 95
客観的財務データ …………………… 154
客観的評価 …………………………… 154
キャッシュ・フローの評価表 ……… 64
キャラクター・グッズ ……………… 57
急進的イノベーション …………… 38, 41
　　——と関係資産 ………………… 39
競争優位性 …………………………… 46
　　——の源泉 ………………… 46, 50

174

競争力 ･･････････････････････ 134
　企業の―― ･････････････ 16, 136
緊密な供給体制 ････････････････ 57
金融環境の変化 ････････････････ 10
金融危機 ･･････････････････ 5, 9
金融検査マニュアル ･･････････ 5, 8
金融市場の低金利化 ･･････････････ 12

経営管理能力 ････････････････ 70
経営者能力 ･･･････････････ 147
経営者のリーダーシップ ･･････ 44, 52
経験的コスト見積モデル ･････････ 115
経済的インカム ･･････････････ 93
形式主義／担保・保証 ･････････ 9
計量的損失属性 ･････････････ 59
KST モデル ･･････････ 133, 160
厳格な個別資産査定中心の検査 ･･･ 5
健全性指標 ･････････････････ 147

更新と発展能力 ･･･････････････ 159
高成長企業の競争優位性ファクター ･･･ 42
高成長中小企業 ･･････････ 40, 48
構造資産 ･･･････ 28, 40, 58, 69, 70, 157
高品質のモノ作り ･････････････ 54
項目間調整指数 ･･･････････ 160
効率性指標 ･･････････････ 147
顧客 ･･････････････････ 158
顧客価値 ･･･････････････ 134
顧客関連インタンジブル資産 ･･････ 100
コスト・アプローチ ･･････････ 88, 94, 97,
　　　　　　　　　　　　114, 121, 128
　――による計算例 ･･････････ 108
　――の適用 ･･････････････ 130
コストベース・アプローチ ･･･････ 127
個別評価項目の体系 ･･･････････ 162
コンテクスト依存性 ･･･････････ 32
コンピュータ・ソフトウェア ･･･ 102, 110
　――の分析視点 ･･･････････ 112
コンピュータ・プログラム ･･････ 110
コンプライアンス体制 ･･･････････ 70

【さ行】

再生産原価 ･･････････････ 95, 96
　――法 ･････････････････ 95
再生産コスト ･･･････････････ 114
財務・非財務の統合化 ･･･････････ 139

財務指標 ･････････････････ 134
　――アプローチ ･････････････ 135
財務情報 ･････････････････ 146
　――と非財務情報の活用比率 ･･･････ 66
財務データ ･･･････････････ 135
　客観的―― ･････････････ 154

事業活動パースペクティブ ･･････････ 79
事業推進能力 ･･･････････ 160, 166
事業性能力 ･･･････････････ 147
事業性評価 ････ (1), (2), (5), 3, 17, 143, 153
　――の歩み ･･･････････････ 20
　――の計量的実践モデル ･･･････ 160
　――の実践モデル ･････････ 133
　――の背景 ･･････････････ 11
　――の要因・課題・方針 ･･････ 3
事業性評価士 ･･･････････････ 167
事業性評価振興会 KST モデル ･･･ 133, 160
事業性評価ファイナンス ･･･････ 14, 155
事業性評価モデルとしての ECI モデルの
　適用可能性 ･･･････････････ 141
事業性評価融資 ･･･････ 2, 14, 19, 21, 22
事業性評価ワークシート ･･･････ 164
事業体の戦略指向 ･･････････････ 79
事業リスク ･･･････････ 13, 160, 167
事後チェック ･･････････････ 9
資産担保重視型 ･･････････････ 61
資産の認識可能性の連続体モデル ･･････ 61
持続的イノベーション ･･･････ 39, 42
　――と人的資産 ･･･････････ 40
持続的な株主価値の最適化 ･･･････ 135
持続的競争優位性の促進 ･･･････ 58
実践指向認識論 ･･････････････ 83
指標の設定 ･･･････････････ 79
社内教育の現状と課題 ･････････ 72
社内日報システム ･････････････ 56
収益還元法 ･･･････････････ 90
　――の適用事例 ･･････････ 91
収益性 ･･･････････････････ 48
収益性指標 ･･････････････ 147
収益逓増性 ･････････････････ 31
主観的評価 ･･････････････ 154
熟練工の職人技 ･････････････ 53
取得原価法 ･･･････････････ 95
生涯インカム・アプローチ ･･････ 127
商標（権）･････････････････ 119

──の市場価値 ･････････････････････ 123
──の属性 ･･････････････････････････ 120
情報：
　　──の結合力 ････････････････････ 140
　　──の信頼性 ･･････････････････････ 72
　　──の比較可能性 ･･････････････････ 72
　　──の非対称性 ････････････････････ 19
情報指向型 ････････････････････････････ 55
情報力 ････････････････････････････････ 55
将来キャッシュ・フロー：
　　──の創出 ･･････････････････････････ 65
　　──の創出能力 ････････････････････ 16
将来指向性 ･･････････････････････････ 140
将来見積りリスク ･･････････････････････ 13
進化的イノベーション ･･････････････････ 38
　　──と構造資産 ････････････････････ 40
人口減少・高齢化社会 ････････････････ 10
人材能力の開発 ････････････････････････ 54
人的資産 ･･････････ 28, 39, 40, 58, 69, 155, 157
人的資本 ･････････････････････････ 40, 125
　　──の２つの評価アプローチ ･･････ 127
　　──の構成 ･･･････････････････････ 126
　　──の評価の計算例 ･････････････ 130
　　──の評価方法 ･･････････････････ 128
人的資本関連インタンジブル資産 ････ 100
信用リスク ･･････････････････････････････ 8
信用リスク分析の２側面 ････････････････ 60

スイス企業の成長要因 ････････････････ 45
スタート・アップ企業 ････････････････ 41
ステークホルダー包括性 ･･････････････ 141

生産性指標 ･･････････････････････････ 147
生産分業システム ････････････････････ 53
成長性評価融資 ･･････････････････････ 16
製品・サービス能力 ･･････････････････ 47
製品・サービスの品質 ････････････････ 42
製品イノベーション ･･････････････････ 38
攻めの経営 ･･････････････････････････ (2)
専業・技術力商社 ････････････････････ 55
全体リスク ･･････････････････････････ 13
戦略的フォーカス ･･･････････････････ 140
戦略的マネジメント ･････････････････ 136

組織イノベーション ･･････････････････ 38
ソフトウェア・エンジニアリング・モデル

法 ･･････････････････････････････････ 115
ソフトウェア・ユーザー・ドキュメンテー
　　ション ･･････････････････････････ 113
ソフトウェアの機能性 ･･････････････ 111

【た行】

対話のツール ････････････････････････ 143
短期的利益獲得能力 ･････････････････ 136

地域経済の活性化 ････････････････････ 21
地域密着型金融 ･････････････ 19, 21, 22, 61
知的財産 ････････････････････････････ 27
知的財産権 ･･････････････････････････ 27
　　──担保融資 ････････････････････ 16
知的資産 ･････････････････ (3), (5), 14, 17,
　　　　　　　　　　　26, 33, 34, 39, 157
　　──と信用リスク分析の枠組み ･････ 62
　　──の管理 ･････････････････････ 80
　　──の競争優位性の源泉 ･･･････ 31, 33
　　──の査定 ･････････････････････ 77
　　──の体系 ･････････････････････ 29
　　──の伝達 ･････････････････････ 80
　　──の特性 ･････････････････････ 30
　　──の評価 ･････････････････････ 77
　　──の評価アプローチ ･････････ 86
　　──の評価アプローチの特徴 ･････ 89
　　──の分類 ･････････････････････ 28
　　──の類似概念 ･････････････････ 27
　　技術関連の── ････････････ 102, 104
　　データ処理── ･･････････････････ 110
　　マーケティング関連── ･･････････ 119
知的資産経営 ････････････････････････ 34
　　──の開示ガイドライン ･････････ 81
知的資産経営報告書 ･･････････････････ 74
知的資産経営マニュアル ･･････････････ 82
知的資産ナレッジ・マップ ････････････ 79
知的資産評価の３つのアプローチ ･･････ 87
知的資産報告書 ･････････････････ 36, 142
知的資産マネジメント ････････････････ 48
知的資本 ････････････････････････････ 28
中期的利益獲得能力 ･････････････････ 136
中小企業 ････････････････････････････ 18
　　──と知的資産ファイナンス ･･･････ 17
超過収益法 ･･････････････････････････ 86
長期的価値創造指向性 ･･･････････････ 135
長期的利益獲得能力 ･････････････････ 136

直接還元法 ……………………… 90
　──の適用 ……………………… 94
直接還元率 ……………………… 94
陳腐化 …………………………… 96

提案営業 ………………………… 55
データ処理関連インタンジブル資産
　……………………………… 100, 112
データ処理知的資産 …………… 110
データベース …………………… 102
テクニカル・マニュアル ……… 113
デザイン経営 …………………… (1)
デフォルト確率 ………… 15, 16, 61
　──評価 ……………………… 15
デフォルト損失 ……… 15, 16, 59, 60
伝統的業績測定アプローチ …… 134

ドイツ知的資産報告書 ………… 75
　──の作成ステップ ………… 76
ドイツ知的資産報告書モデル … 74
　──のフレームワーク ……… 75
　──の特性 …………………… 80
統合報告フレームワーク ……… 140
ドキュメンテーション ………… 113
特許権 …………………………… 102
飛ばし …………………………… 8
取替原価 ………………………… 96
　──法 ………………………… 88
取替コスト ……………………… 114
　──法 ………………………… 128
トレード・シークレット ……… 102

【な行】

内部管理能力 …………………… 148
内部創設ソフトウェア ………… 110
ナレッジ・ベース経済 ………… 35
ナレッジ型経済 ………………… 15
ナレッジ型ファイナンス ……… 15
ナレッジ資産 …………………… (3)
　──とイノベーションとの関係 … 35
ナレッジ市場経済 ……………… 26

ニーズ対応性 …………………… 141
「日本再興戦略」 ………………… 2
「日本再興戦略」改訂 2015 ……… 143
日本再興戦略プラン …………… 2

ネットワーク …………………… 158
　──効果 ……………………… 32
　──能力 ……………………… 148

ノウハウ ………………………… 102

【は行】

発展可能性 ……………………… 158
汎用性 …………………………… 31

比較単位 ………………………… 99
非競合性 ………………………… 31
非効率の効率性 ……………… 55, 58
非財務項目 ……………………… 64
　融資決定に有用な── ……… 65
　──の活用実態 ……………… 66
非財務情報 ……………………… 147
　融資決定に有用な── ……… 68
　有用性の高い── …………… 68
非財務データ ………………… 22, 135
非財務的・定性的指標 ………… 136
非財務評価項目の区分 ………… 155

部分主義／個別資産査定 ……… 9
ブランド ………………………… 158
不良債権問題 ………………… 5, 8
プロセス・イノベーション …… 38
プロセス指向認識論 …………… 82
プロセス資産 …………………… 157
プロダクト型経済 ……………… 15
プロダクト市場経済 …………… 26

平成 26 年度金融モニタリング基本方針　3
変革能力 ………………………… 134

法的リスクへの対応 …………… 70
法令順守の確認の徹底 ………… 5
法令等遵守体制 ………………… 9
簿外債務処理 …………………… 8
簿外処理 ………………………… 26

【ま行】

マーケット・アクセス ………… 42
マーケット・アプローチ …… 87, 98, 104,
　　　116, 118, 123, 128, 129

——による計算例 ···················· 107
——の適用ステップ ················· 98
マーケット取替コスト法 ··············· 116
マーケット取引法 ····················· 116
マーケティング ······················· 43
マーケティング・イノベーション ······· 38
マーケティング関連インタンジブル資産
···································· 100
マーケティング関連知的資産 ········· 119
マーケティング指向型企業 ·············· 57
マーケティング能力 ···················· 47
増分利益法 ···························· 86
マネジメント・ツール ·················· 81

3つの評価アプローチ ·················· 121
未来資産 ··························· 62, 63

無形コンピテンス ················· 62, 63
無形財（インタンジブルズ）············ 35
無形資産 ·························· 62, 155

目利き力 ··················· (2), 4, 73, 155
目標・戦略フォーカス ················· 135

【や行】

有形財産 ····························· 62
有効性 ······························· 158
——の高い非財務情報 ················· 68
融資額に影響する知的資産項目 ········· 71
融資期間の変更 ······················ 72
融資決定：
——に有用な非財務項目 ··············· 65
——に有用な非財務情報 ··············· 68
——の仕組み ······················· 60
——プロセス ······················· 59
融資条件に影響する非財務情報 ········· 71
融資条件の決定 ······················ 68

融資フローと非財務情報の活用 ········· 67

【ら行】

ライセンス供与 ······················ 103
乱脈経理 ····························· 6
乱脈融資 ····························· 6

リーダーシップ ······················ 63
経営者の—— ····················· 44, 52
利益獲得能力指数 ···················· 134
利益分割法 ··············· 108, 122, 123
利益分割法／分析 ···················· 108
リスク ······························· 158
——の拡大・多様化 ·················· 13
リスク／機会 ························· 77
リスク環境の拡大・多様化 ·············· 10
リスク評価 ··························· 59
利率の変更 ··························· 71
リレーションシップバンキング ····· 19, 20,
21, 22, 61

類似取引比較法 ···················· 104, 105
——の適用ステップ ············ 105, 106
ルール重視の事後チェック行政 ········· 5

歴史的原価（法）···················· 88, 95
歴史的原価トレンド法 ·············· 114, 121

ロイヤリティ収益還元法 ·········· 123, 124
ロイヤリティ免除法 ··················· 86
——の適用例 ······················ 117
ローカルベンチマーク ············· 143, 145
——の4つの側面 ··················· 152
——の活用フロー ··············· 149, 151
ローカルベンチマーク活用戦略会議 ··· 144
ローカルベンチマーク活用マニュアル ·· 149

《著者紹介》

古賀　智敏（こが　ちとし）

　神戸大学大学院博士課程在学中に渡米，イリノイ大学会計修士号 MAS
取得後，米国大手会計事務所勤務，神戸大学教授・同志社大学特別客員教
授等を経て，現在，東海学園大学教授，副学長，神戸大学名誉教授，米国
公認会計士，事業性評価教育振興会代表理事。

　経営学博士（神戸大学），日本知的資産経営学会会長（2011年～現在），元
国際会計研究学会会長（2011年～2014年），会計研究学会理事等を歴任。

　主な研究業績として，『情報監査論』同文舘出版，1990年（1991年7月
日本公認会計士協会学術賞受賞），『デリバティブ会計』森山書店，1996
年（1996年9月　日本会計研究学会太田・黒澤賞），『会計基準のグロー
バル化戦略』（共著）森山書店，1999年，『価値創造の会計学』税務経理
協会，2000年，『知的資産ファイナンスの探求』（共編著）中央経済社，
2007年，『グローバル財務会計』森山書店，2011年，『日本語と英語でま
なぶ企業分析入門』千倉書房，2014年，『統合報告革命』（責任編集）税
務経理協会，2015年，『企業会計の系譜と発展』（編著），2019年など。

　2007年10月　エメラルド出版社優秀論文賞（Emerald Group Publishing
Limited, 2007 Highly Commended Award）受賞。あらた監査法人基礎研
究所研究員（非常勤）を歴任。

　2005年7月　日本税理士会連合会表彰。17年度国際会計研究学会功労
者受賞。現在，グローバル・イノベーション企業賞日本代表・選考委員等。

　通商産業省中小企業庁・中小企業の会計に関する委員会委員，科学研究
費委員会専門委員，大学評価・学位授与機構評価員，経済産業省中小企業
政策審議会臨時委員，三洋電機株式会社過年度決算調査委員会委員，等を
歴任。

《検印省略》

2020年4月10日　初版発行　　　略称：デザイン経営

企業成長のデザイン経営
―知的資産の創造的利用，イノベーションと事業性評価―

著　者　　Ⓒ古　賀　智　敏
発行者　　　中　島　治　久

発行所　**同文舘出版株式会社**
東京都千代田区神田神保町1-41　〒101-0051
電話　営業（03）3294-1801　編集（03）3294-1803
振替 00100-8-42935　http://www.dobunkan.co.jp

Printed in Japan 2020　　　　　印刷：萩原印刷
　　　　　　　　　　　　　　　製本：萩原印刷

ISBN 978-4-495-39034-1